Colección Támesis
SERIE A: MONOGRAFÍAS, 244

GÉNERO Y VIOLENCIA
EN LA NARRATIVA DEL CONO SUR 1954–2003

Este libro explora la relación entre género y poder en la construcción de subjetividades femeninas en el contexto de violencia en Argentina, Chile y Uruguay. Presenta una serie de lecturas de cuentos, novelas, fotografías y películas del Cono Sur latinoamericano organizadas según la representación de cuatro tipos de cuerpos: el cuerpo violado, el cuerpo torturado, el cuerpo materno y el cuerpo ausente. Circulando entre los espacios privados y públicos, el cuerpo de la mujer se constituye como una metáfora a ser narrada como manifestación de la experiencia colectiva y, en particular, de los regímenes políticos represivos cuya marca lleva inscrita.

Con el propósito de analizar cuestiones en torno a la representación, el cuerpo, el dolor, la familia, la memoria y la abyección, este libro recurre a las teorías feminista, psicoanalítica y de trauma y a los estudios culturales. Establece una serie de preguntas acerca de la representación, el rol del trauma y la memoria en la reconstrucción de discursos, los diferentes impactos de la violencia según los roles de género, la relación entre la representación de la violencia y los otros discursos –la pornografía entre ellos– y la conexión entre la violencia política y la violencia doméstica.

BETINA KAPLAN es profesora de español en la Universidad de Georgia.

BETINA KAPLAN

GÉNERO Y VIOLENCIA
EN LA NARRATIVA DEL CONO SUR
1954–2003

TAMESIS

First published 2007 by Tamesis, Woodbridge

ISBN 978–1–85566–148–6

Tamesis is an imprint of Boydell & Brewer Ltd
PO Box 9, Woodbridge, Suffolk IP12 3DF, UK
and of Boydell & Brewer Inc.
668 Mt Hope Avenue, Rochester, NY 14620, USA
website: www.boydellandbrewer.com

A CIP catalogue record for this book is available
from the British Library

The publisher has no responsibility for the persistence or accuracy of
URLs for external or third-party internet websites referred to in this
book, and does not guarantee that any content on such websites is, or
will remain, accurate or appropriate.

This publication is printed on acid-free paper

Typeset by Carnegie Book Production, Lancaster
Printed in Great Britain by Biddles Ltd, King's Lynn

Índice general

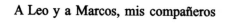

A Leo y a Marcos, mis compañeros

Agradecimientos

Ningún libro se escribe solo. Y éste, en particular, requirió el apoyo intelectual y emocional de muchos. Les agradezco muy especialmente a las chicas, Margarita Saona, Andrea Parra y Larry LaFountain-Stokes, por haber leído y comentado partes de este estudio cuando era incipiente y ... por hacerme sentir en casa, en cualquier lugar en que nos encontremos. A Osvaldo Pardo y Graciela Montaldo, a quienes traigo desde Buenos Aires, aunque no estemos cerca, y a quienes sé que puedo recurrir a pedir buenos consejos y otras yerbas. A la calidez y agudeza de Alberto Sandoval, que para mi suerte acudió en mi rescate en Mount Holyoke College, y con toda su generosidad se ofreció a leer mi trabajo (y a acompañarme a almorzar). Por su invaluable estímulo intelectual, a Jean Franco, quien contribuyó a que este libro creciera desde que era una propuesta de tesis de doctorado en Columbia University. A Licia Fiol-Matta por sus sagaces comentarios. A Diane Marting y a Félix Martinez Bonati, por haberme motivado a continuar con este proyecto cuando era apenas una semilla. A mis colegas y amigos de UGA por su apoyo y afecto. Al *Center for Humanities and Arts* (CHA) de la University of Georgia por haber contribuido a la publicación de este libro a través del *Book Subvention Grant*, y al *President Venture Fund*, también de la University of Georgia, por haber facilitado uno de mis viajes de investigación a Buenos Aires. A Ellie Ferguson, editora de Tamesis Books, por haber insistido en que le reenviara la propuesta de este libro cuando se perdió en los canales del mundo cibernético, y por su constante apoyo. A los anónimos lectores de Tamesis Books, por sus valiosos comentarios.

A los amigos de Nueva York y Buenos Aires, aunque algunos ya no sean de aquí ni de allí, pero sí siguen siendo amigos, especialmente: Cristina Fangmann, Jorge Frisancho, Angel Cienfuegos, Pepe Garcia-Pastor, Maureen Miller, Jane Olian, Oscar Finkelstein y Marcela Garbagnati. A mi familia, de acá y de allá, a quienes nombrar me tomaría varias páginas (*keneinore*). A Tutty y Alberto Kaplan, por su (pre)ocupación y su compañía incondicional. A Lila por ser la hermana mayor que siempre tuve y siempre quise tener, amen de haber leído (y ¡traducido!) partes de mi trabajo. Y sobre todo: a Leo y a Marcos, por estar siempre, en las buenas y en las malas, y ser lo mejor de la vida.

A Sofía y Juana, que poco tuvieron que ver con la escritura de este libro, pero mucho conmigo.

And that deep torture may be called a hell
When more is felt than one has power to tell.

William Shakespeare, *The Rape of Lucrece*

Introducción

El propósito de este libro es explorar las intersecciones entre género y violencia. Para ello examino un corpus de narrativas del Cono Sur aparecido entre 1954 y 2003, desde una perspectiva que se inserta en el campo del análisis feminista. En mi indagación acerca de cómo la violencia y el dolor se articulan en el lenguaje, establezco preguntas acerca de la representación, el rol del trauma y la memoria en la reconstrucción de discursos, los diferentes impactos de la violencia según los roles de género, y la relación entre narraciones de la violencia y otros discursos como por ejemplo la pornografía. Utilizo una definición amplia de violencia como la intervención de un cuerpo en el cuerpo de otro. Los textos primarios que analizo incluyen novelas, cuentos, películas y fotografías: *La casa del ángel* (1954) de Beatriz Guido, 'El pecado mortal' (1961) de Silvina Ocampo, 'El hombre del túnel' (1963) de Armonía Somers, 'Recortes de prensa' (1982) de Julio Cortázar, *Conversación al sur* (1980) de Marta Traba, 'Cambio de armas' (1981) de Luisa Valenzuela, *El dock* (1993) de Matilde Sánchez y *Los vigilantes* (1994) de Diamela Eltit, las películas *Garage Olimpo* (1999) de Marco Bechis, *Los rubios* de Albertina Carri (2003) y *Cazadores de utopías* (1996) de David Blaustein, y la serie fotográfica *Buena Memoria* de Marcelo Brodsky.

Mi análisis de los textos sobre violencia refleja un interés por la violencia material. Sin embargo, no es mi intención hacer una tipología de todas las violencias ocurridas en Latinoamérica o sus textos. Tampoco me propongo buscar una explicación de las causas antropológicas, sociales, políticas o históricas que originan estas violencias. Me interesa, en cambio, indagar cómo se constituyen las subjetividades femeninas en el contexto de la violencia y cuál es el papel de la violencia en esta construcción.

La violencia como formadora de subjetividad es objeto de reflexión de pensadores constructivistas como Jean Paul Sartre, Judith Butler, Judith Herman y Teresa de Lauretis, entre otros. Para estos pensadores la violencia es una parte integral de la construcción de las subjetividades: los sujetos se constituyen en el marco de la violencia, a pesar de la violencia o a partir de la violencia. Si, por ejemplo, para Butler es necesario entender la materialidad de los cuerpos como 'the repeated and violent circumscription of cultural intelligibility' (*Bodies that Matter* xi–xii), en el campo de los estudios sobre trauma se argumenta que la exposición a eventos o circunstancias traumáticas forma y deforma la personalidad (Herman 27).

La relación entre género y violencia está comenzando a ser objeto de análisis en los estudios recientes sobre las producciones culturales en Latinoamérica. Estos estudios tienden a dedicarse a la producción cultural durante las dictaduras militares de las décadas del 70 y 80 y las postdictaduras, momentos en que la violencia de Estado se hace más patente, a través de la imposición ya sea de un régimen de terror o de un modelo económico que hace más extrema la desigual distribución de recursos. Aunque la mayoría de los textos que analizo fueron producidos durante y después de las dictaduras militares, en mi estudio propongo el trabajo con un corpus que amplía el límite temporal. Los textos de este corpus no fueron elegidos por representar un período histórico o literario determinado, ni por posicionarse de manera similar frente al canon, ni por compartir estándares de excelencia literaria. Con esta agrupación de textos intento armar un corpus alternativo que dé cuenta de la violencia contra el cuerpo femenino y el cuerpo social.

América Latina y la naturalización de la violencia

Los usos de fuerza desencadenados en buena parte del mapa mundial confirman la obviedad de que la violencia es una constante antropológica, objeto de análisis de una larga lista de especialistas: historiadores, etnógrafos, filósofos, políticos, psicólogos, etc. Aunque se trate de un fenómeno universal, adquiere formas sociopolíticas específicas en cada momento histórico y en cada geografía. También genera un tipo de discurso particular. La violencia ha sido vista en el pensamiento y en la literatura latinoamericanos como la marca que cruza e impregna su historia política, social y económica desde la conquista hasta la actualidad. Un rasgo constitutivo de esta literatura fundacional ligada a la organización de proyectos políticos o culturales fue relatar violencias pasadas y también programar violencias, en la medida en que estos textos también son una indagación sobre el futuro de la nación. Es posible rastrear en el pensamiento latinoamericano una tendencia a naturalizar la violencia, a convertirla en parte del paisaje americano y de la idiosincrasia de sus habitantes.

En los ensayos de reflexión nacional del siglo XIX la violencia es considerada como un 'mal' irremediable propio del territorio americano y aparece ya representada en textos que inauguran las literaturas nacionales, como *Amalia* (1851), *María* (1867) y 'El matadero' (escrito en 1841 pero publicado póstumamente en 1871). Desde el concepto de barbarie de Sarmiento hasta la idea de degradación o corrupción de Martínez Estrada, la violencia se ofrece como una forma cultural capaz de dar una explicación histórica. Y sigue aún presente como algo originario y natural de Latinoamérica en los ensayos de décadas más recientes.

En Argentina, el cuento 'El matadero' de Esteban Echeverría marca el nacimiento de la literatura argentina con una violación y un asesinato. En el *Facundo, civilización o barbarie* (1845), Domingo F. Sarmiento presenta la violencia como un rasgo esencial del gaucho, habitante 'natural' de Sudamérica, que explica la historia nacional. La violencia con que el gaucho maneja su cuchillo como herramienta de supervivencia se traduce en el nivel político en la forma sanguinaria de gobernar que para Sarmiento caracterizó a los caudillos Facundo y Rosas. Y en esa violencia Sarmiento encuentra una justificación de la violencia de los programas de exclusión y exterminio promovidos por la concepción de 'progreso' de la generación del 80 que estableció las bases de la formación del Estado argentino.

En *Radiografía de la Pampa* (1933) de Ezequiel Martínez Estrada el accionar de 'las fuerzas del ambiente sobre la voluntad' degrada a los habitantes de la pampa. Martínez Estrada encuentra en lo telúrico la explicación de una historia de repetido fracaso. La Pampa (y por extensión América) no es el mundo por hacer, el mundo de la utopía, sino la región donde 'no hubo nadie ni pasó nada'. La corrupción 'natural' del paisaje acompaña la visión de Martínez Estrada de desolación y corrupción de los habitantes de América.

En los ensayos de décadas más recientes sigue aún presente la concepción de la violencia como algo originario y natural de Latinoamérica. En *Imaginación y violencia en América* –publicado en 1970– Ariel Dorfman no sólo afirma que la violencia en Hispanoamérica 'surge desde la realidad misma' (16) sino que renueva esta línea de pensamiento y la ubica –muy a tono con su época– en un paradigma existencialista 'americanizado':

En América, la violencia lo escoge a uno desde que nace, y lo que debemos determinar es cómo la utilizamos. En Europa, la violencia existe porque yo soy 'libre,' se supone que hay un yo ajeno a la violencia, capaz de decidir frente a ella, diferenciable y aparte. En América la violencia es la prueba de que yo existo. (14)

Y yendo aún más lejos, Dorfman llega a establecer una equivalencia entre violencia e identidad nacional. Con su propuesta de 'desentrañar las formas específicas' que la temática de la violencia presenta en la narrativa contemporánea intenta también encontrar una respuesta a un enigma aún mayor: 'qué es América' (9).

En los años 70 los militares tomaron el poder en Argentina, Chile y Uruguay. Aunque en el Cono Sur ya había habido dictaduras, no existían precedentes históricos de regímenes de terror que amenazaran y transformaran la vida política, social y cultural en un grado tan profundo como bajo estos gobiernos militares. Los regímenes militares de los tres países tuvieron diferentes formas de actuar, pero en los tres se relacionó el bienestar de la nación con la justificación de una represión también sin antecedentes por su crueldad y alcance a toda la sociedad. Las dictaduras en los tres países medicalizaron su discurso y se propusieron como la curación de un cáncer nacional que debía ser extirpado. Las técnicas de secuestro y tortura constituyeron una de las manifestaciones más extremas de la represión. La retórica militar alteró el sentido usual de orden y violencia. El terrorismo de Estado creó violencia al mismo tiempo que se la atribuía a sus opositores y transgredió la ley y el orden aún cuando proclamaba que los estaba afianzando.[1]

Los hechos políticos producidos en el Cono Sur entre los años 70 y 80, volvieron a alimentar la idea de que la violencia puede ser constitutiva de una historia nacional. Kathleen Newman, en *La violencia del discurso: el estado autoritario y la novela política argentina*, se pregunta si es más apropiado 'periodizar la historia argentina según una espiral de violencia o según ciclos de violencia' (16). La preocupación de Newman acerca de la modalidad que puede adquirir la violencia en la periodización (¿espiral o círculo?) reafirma el rol de la violencia como principio organizador de la historia.

El desarrollo de los acontecimientos en torno a la brutal matanza de ocho periodistas en Perú en 1983 mostró una vez más cómo todavía está enraizada la concepción de la violencia como cualidad inseparable del territorio latinoamericano. La matanza se produjo cuando los periodistas se dirigían hacia una comunidad en donde cinco días antes habían sido asesinados siete miembros del grupo guerrillero Sendero Luminoso. La reacción de la prensa y de las autoridades en un primer momento fue positiva. Se hablaba de una respuesta campesina, modelo de patriotismo, contra el accionar de los grupos guerrilleros. Cuando se confirmó que las víctimas de la matanza no eran senderistas sino periodistas, la reacción cambió. Así es como aparecieron categorías totalizadoras que ubicaron la matanza dentro de una historia ininterrumpida, de larga duración, en algunos casos 'milenaria'. En la misma región en donde estos hechos ocurrieron, en el siglo XIX, después de que fuera declarada la

---

[1] El terrorismo de Estado, cuyos orígenes están estrechamente relacionados con la doctrina de Seguridad Nacional diseñada en Estados Unidos al declararse la Guerra Fría para proteger al capitalismo en toda América de las amenazas externas e internas, puso en práctica políticas económicas que favorecieron a la clase dominante en detrimento de las clases populares. El Banco Mundial y el Fondo Monetario Internacional, junto con los consejeros económicos neoliberales de los Estados Unidos (los Chicago Boys), impusieron drásticas medidas para atraer capitales extranjeros y empréstitos internacionales. La doctrina de Seguridad Nacional, junto con unas fuerzas armadas locales que contaron con el respaldo de la mayoría de la clase política y que fueron toleradas por la mayoría de la población, asustada por el accionar de los grupos guerrilleros, proveyó la justificación para la formulación de programas anti-insurgentes en su lucha contra la expansión de movimientos revolucionarios en el continente. Se definió la subversión en términos amplios, de manera que quedaban incluidos toda persona o grupo que mostrara algún tipo de descontento con el sistema vigente. El discurso militar enfatizaba aún más la organización bipolar de la Guerra Fría: el que no era igual, era enemigo. Un año después del golpe militar en Argentina, el general de Brigada Ibérico Saint Jean, Interventor de la Provincia de Buenos Aires declaraba: 'Primero vamos a matar a todos los subversivos, después a sus colaboradores; después a los simpatizantes; después a los indiferentes, y por último, a los tímidos'. (Comisión Argentina por los Derechos Humanos 12). La mano de obra dócil (con sindicatos desmantelados o intervenidos) y barata fue el requisito para las inversiones de las multinacionales, y quienes se oponían a esas políticas eran secuestrados o encarcelados. De esta manera se preparó el terreno para la imposición de la economía de mercado global que imperó en el Cono Sur desde el retorno a las democracias y recién con el nuevo milenio está empezando a encontrar cierta resistencia en las políticas económicas de algunos países sudamericanos.

independencia de Perú, hubo un movimiento de resistencia contra la república naciente. A partir de este movimiento se construye en el imaginario colectivo la representación de un pueblo guerrero. Esta representación es recreada por la Comisión Investigadora de los Sucesos de Uchuraccay (1983), convocada por el presidente Belaúnde y presidida por el novelista Mario Vargas Llosa. La investigación responsabilizó a los campesinos pero con ciertos factores mitigantes. Recurrió a discursos de diferenciación y marginación en términos de 'raza' y 'etnicidad', existentes desde tiempos coloniales (Del Pino). El informe de esta comisión individualizó dos factores claves en este episodio de violencia al que clasificó como una muestra de 'rabia andina': el primitivismo y la naturaleza intrínsecamente violenta de los campesinos de la montaña (Theidon 543). Al recurrir a esta explicación esencialista, la comisión sugería la falta de responsabilidad de los campesinos, ya que en última instancia habían actuado según su naturaleza.[2]

En Argentina, una vez caído el gobierno militar a principios de la década del 80, la Comisión Nacional sobre Desaparición de Personas (CONADEP) formada por iniciativa del gobierno democrático de Alfonsín estuvo a cargo de la investigación y redacción de un informe, al que llamó *Nunca más*, sobre las violaciones a los derechos humanos durante la dictadura militar (1976–83). El prólogo de este informe, cuya autoría se atribuye al escritor Ernesto Sábato, ofrece una explicación de los años de la dictadura militar, conocida ahora como 'teoría de los dos demonios'. Esta teoría homologa la violencia del aparato de Estado, que impuso el miedo en toda la sociedad y secuestró, torturó e hizo desaparecer a miles de personas, con la de los grupos guerrilleros armados cuyos atentados sirvieron como justificación del terrorismo de Estado. De este modo el informe de la CONADEP explica la presencia de una violencia por la existencia de otra de signo político contrario, las dos responsables de modo equivalente ante una mayoría de la sociedad a la que le asigna el rol de simple espectadora para luego convertirse en principal víctima. Esta explicación propone una vez más, que la historia se escribe como el resultado de un choque de místicas fuerzas locales del mal.

La violencia como campo de estudios de género

El período de violencia extrema de los gobiernos militares en el Cono Sur coincidió en el marco internacional con el afianzamiento del feminismo y de las mujeres como agente discursivo, ahora legitimado en el campo político y

---

[2] Tres campesinos fueron apresados, enjuiciados y condenados a 25 años de cárcel por estos crímenes. El juicio tuvo varias irregularidades, agravadas por la barrera lingüística (los campesinos sólo hablaban quechua). Según los testimonios, ninguno de los tres había participado en la matanza. Después de seis años, dos de los campesinos salieron en libertad. El tercero contrajo tuberculosis y murió en la cárcel.

académico, que se hizo cargo de la problemática de la violencia.[3] La violencia es considerada por las lecturas feministas desde la década del 70 como el lugar privilegiado en el que se ponen en evidencia los mecanismos de control patriarcal sobre las mujeres.

Con las lecturas y críticas a Foucault, el pensamiento feminista logra una expansión conceptual de la noción de violencia. De una preocupación por la violencia material pasa a una consideración de las construcciones epistémicas y discursivas de la violencia, sin necesariamente abandonar su interés por lo material. Una expansión similar ocurre en los textos críticos que tratan la violencia en Latinoamérica. En estos textos se ve un cambio en tres etapas que van de la tipología y clasificación de las formas en que se manifiesta la violencia en Latinoamérica y en su literatura —como en el ensayo de Dorfman citado anteriormente y muchos otros que proponen la 'violencia' como eje temático—, pasando por el análisis de las estrategias discursivas de los regímenes militares y de la cultura de oposición o 'resistencia',[4] llegando finalmente a los estudios publicados más recientemente en los que para analizar producciones culturales en Latinoamérica durante las dictaduras militares de los años 70–80 y la postdictadura, se interrogan acerca de las construcciones discursivas de la violencia y el género.[5]

Esta misma interrogación es la que emprendo en mi estudio de las narraciones que hablan sobre la violencia en el Cono Sur. A la concepción de la violencia como explicación histórica, le contrapongo una interpretación de la violencia como fundamento y práctica discursiva que normaliza la construcción del sistema de género. Como me propongo examinar intersecciones discursivas, el recorrido de mi estudio se dispara en varias direcciones. Para pensar la violencia es necesario considerar los mecanismos de poder. Por eso el análisis foucaultiano del discurso y la crítica a Foucault de Teresa de Lauretis son el punto de partida de mi trabajo. Para analizar cuestiones que giran en torno a la representación, el cuerpo, el dolor, las relaciones familiares, la memoria, la abyección, recurro a categorías de análisis provenientes de diversos campos como el feminismo, el psicoanálisis, la teoría del trauma y los estudios culturales.

Considero el cuerpo como espacio privilegiado y como punto de referencia

[3] En su introducción a *Visual and Other Pleasures*, Laura Mulvey sigue el recorrido de esa legitimación en Estados Unidos con una mirada retrospectiva de su obra. Afirma que sus ensayos escritos entre 1971 y 1986 'chart the early development of a debate that was generated in the first place by politics, that broadened out into aesthetics and that has finally come to influence some spheres of academic thought'.

[4] Véanse, por ejemplo, los ensayos recopilados por Daniel Balderston en *Ficción y política: la narrativa argentina durante el proceso militar*.

[5] Véanse especialmente: Jean Franco, 'Killing Nuns, Priests and Children' and 'Gender, Death, and Resistance. Facing the Ethical Vacuum'; Idelber Avelar, 'Five Theses on Torture'; Diana Taylor, *Disappearing Acts: Spectacles of Gender and Nationalism in Argentina's 'Dirty War'*; David W. Foster, *Violence in Argentine Literature*; Nelly Richard, *Residuos y metáforas: ensayos de crítica cultural sobre el Chile de la transición*; Francine Masiello, *The Art of Transition: Latin American Culture and Neoliberal Crisis*.

desde el cual se puede examinar el rol de las mujeres en la sociedad. Circulando entre la esfera de lo privado y de lo público, el cuerpo de la mujer se ofrece como metáfora a ser narrada y descrita como evidencia de la experiencia colectiva, particularmente de los regímenes represivos que le dejaron sus huellas inscriptas.

El cuerpo se ha constituido en un lugar de representación para establecer la diferencia de identidades sociales y psicológicas entre los sexos y los géneros. Es el lugar en el que se inscriben las marcas de la cultura. El cuerpo también ha sido percibido como un receptáculo de memoria, desde la memoria de hechos pasados que las cicatrices físicas ponen en evidencia, hasta la memoria genética de cada individuo en cada una de sus células.[6] Colocar el cuerpo en el centro de mi lectura de los textos me permite plantear algunas cuestiones acerca de la especificidad sexual, acerca de qué tipos de cuerpos, qué diferencias hay y qué consecuencias pueden tener estas diferencias, de modo que se hace evidente y se problematiza la subordinación social de la mujer. En el caso del reclamo de los desaparecidos por parte de sus familiares en el Cono Sur, la ausencia–presencia de los cuerpos se presenta como un disparador de memoria: desde las vueltas rituales de las Madres que ponen sus cuerpos todas las semanas en las plazas argentinas, a la insistencia en mantener presentes los cuerpos desaparecidos de las víctimas de la represión a través de representaciones mediante siluetas y fotografías.[7]

Para mi lectura de los cuerpos en los textos, el trabajo de Elaine Scarry en *The Body in Pain* ha sido un punto de partida fundamental. Sin detenerse en cuestiones de género, Scarry analiza el efecto del dolor y de la tortura en el cuerpo, el lenguaje y la percepción del mundo.

It is the intense pain that destroys a person's self and world, a destruction experienced spatially as either the contraction of the universe down to the immediate vicinity of the body or as the body swelling to fill the entire universe. Intense pain is also language-destroying: as the content of one's world disintegrates, so that which would express and project the self is robbed of its source and its subject. (35)[8]

---

[6] Para un análisis sobre cómo el discurso biomédico define el sistema inmunológico como un sistema de memoria, véase *Tangled Memories: The Vietnam War, the Aids Epidemia, and the Politics of Remembering* de Marita Sturken.

[7] Sobre este tema, en relación a Argentina, consúltense los artículos 'Aparición con vida: las siluetas de detenidos-desaparecidos' de Roberto Amigo Cerisola y 'Siluetas' de Elizabeth Jelin y Ana Longoni; y en relación a Chile, el artículo de Nelly Richard 'Reescrituras, sobreimpresiones: Las protestas de mujeres en la calle'.

[8] En 'Five Theses on Torture', Idelber Avelar critica la concepción de 'civilización' de *The Body in Pain* porque se propone separada e incontaminada por la tortura. Con Page DuBois en *Torture and Truth*, Avelar sostiene que la tortura no sólo no se opone al concepto de 'civilización' sino que es una de sus partes constitutivas. En coincidencia con este argumento, más adelante me referiré a la violación como mito fundador de la civilización. La cita de Scarry que aquí recorto, de alguna manera elude la crítica de Avelar. No se refiere a la destrucción de 'la civilización', sino de la percepción que el sujeto tiene de su entorno a partir del efecto de la violencia sobre su cuerpo.

Según Scarry, la violencia tiene la capacidad de destruir no sólo el cuerpo de la víctima sino también las formas de entendimiento de la víctima a partir de las cuales construye su propia subjetividad. En los textos que analizo leo como resultado de esto una desorganización de la subjetividad de la víctima, que lleva a la destrucción o a la posibilidad de recomposición de una subjetividad nueva, quizás alternativa. La reflexión acerca del alcance de esta recomposición que se produce en los textos tiene un correlato teórico en el pensamiento feminista que se ha presentado como problemático: cómo el discurso conforma la categoría de 'mujer' y qué está en juego –política, social y económicamente– al mantener o desmantelar esa categoría. ¿Es posible reinscribir, transformar, las subjetividades que están inscriptas en un sistema en particular de modo que puedan ser representadas de una manera diferente? Los textos que componen el corpus de este libro proponen esta pregunta de diversas formas, como se verá más adelante.

La sujeción de las mujeres a las formas de control social que las marginalizan no anula la necesidad de reconocimiento y agenciamiento personal, aun cuando esta necesidad se manifieste en actos violentos. La representación narrativa de estos actos provoca una reexaminación de la doxa –las normas aceptables o los códigos morales–, invitando a repensar el rol y la definición de 'mujer'.

Si el significado de los cuerpos es un producto de su entrada a la cultura a partir de la construcción social de género, clase y raza ¿podríamos hablar de un cuerpo anterior a la construcción social que produce su subjetividad? Foucault, de Lauretis y Butler, entre otros, insisten en que los sujetos son productos de un sistema cultural y judicial, de modo que no podrían existir fuera de ese sistema. Si fuera posible la existencia de un cuerpo antes de su inscripción en la cultura ¿cómo haríamos para entenderlo? Desde que Simone de Beauvoir en la década del 50 planteó que las mujeres no nacen sino que se hacen y definió a la mujer como lo 'Otro' frente al Sujeto y Absoluto masculino, la filosofía feminista se ha debatido entre proponer enunciaciones esencialistas, fenomenológicas, y encontrar posturas conciliadoras para definir el concepto de mujer y lo femenino. Judith Butler, para quien el género es proceso, un hacerse en una constante repetición, sugiere: 'there may not be a subject who stands "before" the law, awaiting representation in or by the law. Perhaps the subject, as well as the invocation of the temporal "before" is constituted by the law as the fictive foundation of its own claim to legitimacy' (*Gender Trouble* 2–3). Y cuando de Lauretis intenta definir a la mujer se refiere a 'the real historical beings who cannot as yet be defined outside of those discursive formations, but whose material existence is nonetheless certain' (*Alice Doesn't* 5).

Algunas feministas hablan de la necesidad de establecer un 'esencialismo estratégico' para evitar perder contacto con las reivindicaciones materiales de las mujeres. Si no existieran cualidades esenciales, afirma Nancy Fraser con preocupación, las mujeres podrían no tener intereses comunes (6) y por lo tanto, carecerían de una causa política. Con un planteo similar, Elizabeth Grosz en 'Sexual Difference' refuerza la necesidad de acudir a una falsa ontología de la mujer como universal para que el feminismo pueda avanzar en el terreno político (55–7). De lo contrario no se podría sostener la existencia de un cuerpo femenino, o lograr una definición de 'mujer', fuera del sistema cultural que lo construye y se cuestionaría la posibilidad de que el grupo al que llamamos mujeres exista fuera de los límites que le define el sistema patriarcal.

Género y poder

Si se considera a la violencia como una expresión extrema de poder, la articulación de 'género' y 'violencia' contribuye a explorar uno de los tópicos clave del feminismo, es decir, la relación entre poder y género. Los personajes en los textos de mi estudio se construyen como femeninos siguiendo o reaccionando contra varias normas regulativas, cuyas manifestaciones más extremas son la tortura y la violación, pero también incluyen la maternidad y las visiones patriarcales de la familia, la religión, la educación, etc. Foucault advierte que las formas modernas de poder no son exclusivamente represivas sino productivas. No sólo niegan, prohíben, reprimen y restringen, sino que también producen discursos, conocimiento, placer y bienes. Como estos poderes provienen de innumerables fuentes –la educación, la religión, la ciencia, el Estado, los militares– no existe ningún lugar en la sociedad que se les escape.

Pocos pensadores han influido el pensamiento feminista en temas relacionados con el poder, la sexualidad y la subjetividad como el filósofo francés Michel Foucault. Según Foucault, a comienzos del siglo XVIII empiezan a operar nuevos métodos de poder 'not by law but by normalization, not by punishment but by control' (*History of Sexuality* 89). En *Discipline and Punish*, Foucault sostiene que el control violento sobre el cuerpo fue reemplazado por el biopoder, una forma de control social aparentemente benigna pero insidiosa. Una serie de formas de regulación (escuelas, hospitales, discurso científico) sustituye el control más directo del Estado sobre el cuerpo (la tortura). Según Foucault el cuerpo se constituye a partir de una serie de disciplinas y prácticas discursivas normativas. En lugar de privilegiar poderes centralizados como el Estado o las clases dirigentes Foucault insiste en que el poder funciona de manera mucho más sutil y eficaz a través de prácticas y discursos sociales aceptados. El poder es tolerable bajo la condición de que se presente enmascarado. Su éxito es proporcional a su habilidad de esconder sus propios mecanismos (*History of Sexuality* 89). Los discursos del conocimiento proveen estrategias de enmascaramiento para normalizar. El discurso científico que se propone explicar la verdad del cuerpo y del mundo, crea normas que controlan a los cuerpos y la población.

Foucault plantea cómo el conocimiento y los discursos contribuyen a la constitución y naturalización de una forma particular de la sexualidad (la heterosexualidad), pero su análisis se detiene frente a cuestiones como diferenciación sexual y género. Foucault considera al cuerpo sexualizado como un lugar de control social pero no tiene en cuenta las diferencias genéricas de esos cuerpos. Según afirma Foucault, el sexo (entendido como diferenciación) es un elemento especulativo pero no llega a explicar cómo ese elemento especulativo se representa y define. Aquí es donde cierta crítica feminista, que incluye, entre otros, a autoras como Susan Bordo, Sandra Bartky y Teresa de Lauretis, se distancia de Foucault. En *Technologies of Gender*, Teresa de Lauretis articula la relación entre sexo y género como categorías discursivas culturales. Sostiene que el género masculino y el femenino, dos categorías complementarias y al mismo tiempo mutuamente excluyentes con las que todos los seres humanos son clasificados, constituyen en cada cultura un sistema de género, un sistema simbólico o un sistema de significado que correlaciona el sexo con los contenidos culturales de acuerdo con valores y jerarquías sociales (*Technologies* 5). La crítica feminista ofrece un análisis específico de la correlación entre sexo y contenidos culturales, centrándose en las particularidades de los valores y jerarquías sociales en que funciona cada género. Así da cuenta del control del cuerpo femenino a través de representaciones de la salud y la belleza, que contribuyen al desarrollo de desórdenes alimenticios en las mujeres, y analiza las dietas, la gimnasia, el uso de maquillaje y la moda como disciplinas que modelan específicamente los cuerpos femeninos.[9]

De Lauretis interroga las construcciones discursivas de la violencia y el género. Propone una reformulación de los términos 'retórica de la violencia' de Foucault y 'violencia de la retórica' de Derrida. Para de Lauretis la expresión 'retórica de la violencia' implica que cierto orden del lenguaje, algún tipo de representación discursiva, actúa no sólo en el concepto de violencia sino también en las prácticas sociales de la violencia, de modo que desde el comienzo plantea la relación de lo social con lo discursivo ('Violence of Rhetoric' 240). Como resultado de la crítica a la propuesta de Foucault de descriminalizar la violación y a otras nociones de sexualidad masculina que subyacen en la *Historia de la sexualidad (History of Sexuality)*, de Lauretis propone complementar el concepto de Foucault de 'tecnologías de las sexualidades' con 'tecnologías de género', es decir, un análisis político de las técnicas y estrategias discursivas 'by which gender is constructed and hence ... violence is en-gendered' ('Violence of Rhetoric' 245). El argumento de de Lauretis apuntaría entonces hacia dos

---

[9] Véanse por ejemplo los artículos 'The Body and the Reproduction of Femininity' de Susan Bordo y 'Foucault, Femininity, and the Modernization of Patriarchal Power' de Sandra Bartky publicados en Katie Conboy, *Writing on the Body*. Bordo y Bartky constituyen un excelente ejemplo de cómo la crítica feminista utiliza el modelo de Foucault de diferente manera. El acercamiento de Bartky a la teoría de los cuerpos dóciles en ocasiones hace que las mujeres parezcan más bien receptáculos de la cultura que agentes activos. En cambio la afirmación de Bordo de que las prácticas culturales se inscriben en los cuerpos no es tan extrema como la de Bartky. Para Bordo las mujeres tienen cierto entendimiento y control de su experiencia. Bordo presta especial atención a la relación entre anoréxicas y bulímicas y la manera en que median las demandas de una cultura contradictoria. Por ejemplo, en su análisis las adolescentes son tan concientes de las expectativas y valores sociales como de su impulso de suprimir el desarrollo de su cuerpo femenino y de resistir la influencia de su familia mediante restricciones alimentarias.

direcciones. No sólo no se puede considerar las prácticas sociales independientemente de su inscripción institucional o discursiva sino que el análisis del discurso no puede asumir una posición neutral frente a la cuestión de género. Aunque de Lauretis llama a analizar la violencia discursivamente, también advierte que la adopción sin cuestionamiento de las concepciones estructuralista y postestructuralista del lenguaje podría hacer que se perdiera de vista el referente concreto: la violencia empírica. De manera que se opone a la noción casitrascendental de 'archi–violencia' de Derrida definida como 'rhetorical construct of a "violence of the letter," the originary violence which pre-empts presence, identity, and property or propriety' ('Violence of Rhetoric' 254) ya que se le restaría importancia a las manifestaciones empíricas de la violencia relacionada con el género.

Para de Lauretis, la representación de la violencia no está separada de la noción de género porque el significado que un tipo de representación de la violencia asume depende del género del objeto vulnerado. De Lauretis indica que son las mismas teorías de la representación las que imponen y mantienen la hegemonía de determinados sujetos. De manera que las palabras que elegimos para representar tanto el sujeto como el objeto de la violencia son una parte constitutiva de lo que intentan describir. De Lauretis propone darle una perspectiva de género a este esquema simbólico cuando insiste en que lo femenino siempre queda en posición de objeto, nunca de sujeto. La invalidación del sujeto femenino ocurre no sólo en lo que es representado sino en la forma en que se lo representa, en la selección misma del lenguaje que lo representa.

Para demostrar hasta qué punto la violencia determina relaciones genéricas a través del discurso, en *Technologies of Gender*, de Lauretis analiza la tipología de relatos de Lotman según la cual en todo texto hay dos elementos, un héroe activo cuyos movimientos a través del espacio y del argumento van estableciendo diferencias y normas, y un obstáculo inmóvil o límite, un segundo espacio cerrado que en los relatos adquiere la forma de una cueva, una casa o una mujer. La entrada a este espacio se interpreta como la muerte, la concepción, la vuelta al hogar y se considera a todos estos actos como mutuamente idénticos (42). De Lauretis señala que en esta tipología el héroe es siempre masculino y el obstáculo femenino. Más aún, lo femenino siempre se identifica con lo inanimado que funciona como un límite y por lo tanto nunca se constituye como héroe o sujeto. Ni siquiera tiene significado propio sino que depende de otro. En esta ecuación entre lo femenino y el objeto, de Lauretis encuentra el lugar de la 'retórica de la violencia'.

En mi estudio no me propongo establecer una definición de violencia sino más bien destacar la imposibilidad de lograr una definición universal de este concepto. La violencia no tiene una definición precisa sino que está sujeta a una discusión política sobre la noción de autoridad legítima. Como depende del punto de vista de quien la denuncie o nombre, la violencia no se muestra susceptible de una definición conceptual. Hablar sobre la violencia requiere un posicionamiento: 'to regard certain practices as violent is never to see them just as they are. It is always to take up a position for or against them' (Armstrong y Tennenhouse 9).[10] Si el discurso sobre la violencia es ubicuo, si puede cambiar de signo según la perspectiva del que narra, la pregunta sobre cómo representar la violencia es crucial. Por eso mi lectura de los textos gira en torno a ciertas preguntas relacionadas con la problemática de la representación: ¿cómo se articulan la violencia y el lenguaje?, ¿cómo se da el contacto entre experiencia y discurso?, ¿cómo se habla de un cuerpo femenino sometido a la violencia?, ¿cuál es el impacto de la violencia según los distintos roles genéricos?, ¿con qué géneros literarios se asocian las narraciones de la violencia?

La teoría del trauma nos permite analizar la relación entre experiencia y discurso. Paradójicamente, para los sobrevivientes lograr hablar sobre su experiencia pasada implica al mismo tiempo perder contacto con ella. El trauma es una confrontación con un hecho que no puede ser entendido mediante los parámetros de conocimiento previos al momento en que este hecho se produjo. Las fijaciones con los que se manifiesta el trauma son un tipo de recuerdo independiente de la memoria y el pensamiento consciente. La terapia de los sobrevivientes pretende integrar el hecho traumático en una serie de memorias asociativas, a partir de las cuales se puede construir un relato, precisamente como una forma de permitir olvidar el hecho (Caruth *Trauma* vii, 152 y siguientes).

La falta de acceso del lenguaje a la experiencia que origina el hecho traumático aparece documentada en los testimonios de sobrevivientes. Los testimonios de quienes salieron con vida de los campos de concentración proponen la necesidad de producir un discurso que siga ciertos parámetros estéticos, al mismo tiempo que plantean la imposibilidad de lograr un relato 'satisfactorio' de los hechos, a través del lenguaje u otro medio expresivo. La falta de acuerdo entre distintos grupos sobre la forma, es decir, el modo de representación, que

[10] Esta afirmación se confirma una vez más en el escándalo ocurrido en 2003 por la difusión de las imágenes de tortura en la prisión iraquí de Abu Ghraib controlada por las fuerzas armadas de Estados Unidos, la reacción de la administración de Estados Unidos y los primeros resultados del juicio. Desde el primer momento, el gobierno de Estados Unidos evitó el uso de la palabra 'tortura'. Mientras el presidente Bush se mostraba disgustado por las fotografías, y no por lo que las fotografías reflejaban, el secretario de Estado, Donald Rumsfeld, reconocía la posibilidad de 'humillación' y 'abuso' y declaraba en conferencia de prensa: 'My impression is that what has been charged thus far is abuse, which I believe technically is different from torture. Just a minute. I don't know if the – it is correct to say ... that torture has taken place, or that there's been a conviction for torture. And therefore I'm not going to address the "torture" word' (esta conferencia de prensa tuvo lugar el 4 de mayo de 2004 y está reproducida en http:/www.pbs.org/newshour/bb/military/jan-june04/abuse1_05–04.html). Evocar el paralelismo con el Cono Sur es inevitable: los militares argentinos durante la transición a la democracia acuñaron el eufemismo 'exceso' para referirse al modus operandi del terrorismo de Estado. Una rápida lectura de los periódicos norteamericanos revela que la prensa de este país también prescinde la mención de la palabra 'tortura'. La cobertura periodística del juicio a Charles Graner Jr, el carcelero de Abu Ghraib, dejó de manifiesto en los medios de comunicación que a la casi unánime condena y consternación de la comunidad internacional se contrapone la opinión bastante difundida en Estados Unidos de quienes no hablan de violencia sino de heroísmo y sacrificio personal para lograr el patriótico y defensivo gesto de 'ablandar' antes de los interrogatorios a quienes podrían tener información vital para la liberación de Irak y la lucha contra el terrorismo.

deben tener los recordatorios o memoriales de las víctimas, dan muestra de la estrecha asociación entre ética y estética. La crítica a la representación adquiere así el tono de una evaluación estética y moral. Lo que se dice no alcanza para decir lo que fue y el arte tampoco logra expresarlo. Los testimonios de las víctimas afirman que no se puede contar una historia de la violencia sin que pierda el impacto del hecho que la originó. El proyecto de representación del horror de la violencia irremediablemente vinculado a la pérdida, tiene que producirse en una negociación en la que se debate la relación entre estética, moral y política.

Narrativas de la violencia: el corpus

Todos los textos seleccionados para mi análisis narran episodios de violencia, intervenciones de un cuerpo sobre otro, que tienen como consecuencia la destrucción de una subjetividad. La aniquilación del sujeto y del mundo de este sujeto se sintetiza mediante diferentes imágenes como el silencio, la muerte, el limbo o la animalización. Sin embargo, estos textos no hablan sólo sobre la destrucción; como ya he mencionado, también intentan narrativas de la reconstrucción.

He distribuido los textos según tres niveles de violencia que coinciden con la circulación de cuatro tipos de cuerpos –el cuerpo violado, el cuerpo torturado, el cuerpo materno y el cuerpo ausente– en tres períodos históricos: antes, durante y después de las dictaduras militares en Argentina, Chile y Uruguay.

Aunque cada relato parece presentar una manera diferente de entender el género, cada uno de estos muy diversos textos explora las estructuras opresivas existentes en la estructura social y los roles sexuales tradicionales. En ellos la violencia controla discursivamente los cuerpos dentro del sistema de género en el que el cuerpo sometido se codifica como 'femenino'. Si como Foucault argumenta, el cuerpo se constituye a través de una serie de prácticas discursivas y disciplinas regulatorias, la violencia contra el cuerpo podría entenderse como una 'tecnología disciplinaria' y un discurso normalizador que representa y posiciona a lo masculino y lo femenino. La violencia pone en evidencia una distribución desigual de los espacios sociales. Los textos que componen mi corpus de lectura delinean una trayectoria de violencias entre la casa y el mundo exterior. Circulando entre la esfera privada y la pública, los personajes femeninos de los textos de este corpus de estudio proyectan imágenes de género que participan de la representación dominante pero al mismo tiempo la cuestionan.

En los dos primeros capítulos analizo la intersección entre sexualidad y violencia. El capítulo I trata sobre la representación de la violación y como se constituyen las subjetividades femeninas en el contexto de estas representaciones. Analizo tres narrativas: *La casa del ángel* (1954) de Beatriz Guido, 'El pecado mortal' (1961) de Silvina Ocampo y 'El hombre del túnel' (1963) de Armonía Somers. Los tres textos narran la historia de una niña cuyo desarrollo psicológico se ve amenazado o interrumpido por un acto de violencia sexual. Las protagonistas de estos relatos comparten una posición de protección en los confines de la casa y la familia, particularmente en los textos de Guido y Ocampo en los que la acción ocurre dentro de los hogares privilegiados de la alta burguesía argentina durante e inmediatamente después del primer gobierno peronista. Las narradoras femeninas de estos textos, fuertemente marcadas por normas regulatorias determinadas por la religión y la clase social, conforman su 'yo' en el contexto de una estructura familiar.[11] De esta forma, la literatura presenta la ficcionalización de un espacio de pertenencia, que es amenazado por el mundo exterior. A través de las violaciones, aunque ocurren en el interior de la casa, se establece una vinculación entre el espacio interior y el exterior, entre la zona de seguridad de las mujeres y el mundo de lo político.

Estos textos ponen en cuestión la premisa de que la clase y el hogar son espacios despolitizados y seguros para las mujeres. Describen un acto de violencia, una violación, un delito 'privado'. Aunque estos actos de violencia ocurren en la casa, la política encuentra una forma de ingresar a ella. El violador de *La casa del ángel* es un joven diputado que entra a la casa por un duelo motivado por una disputa política. En 'El pecado mortal' el violador es el empleado de confianza de la casa. La referencia política no es tan explícita en este texto, sin embargo la violación refleja los términos de la lucha de clases que estructuraron la política argentina durante el primer peronismo (1943–55). En estos textos, el conflicto doméstico se entrelaza con el conflicto político. La política irrumpe en el espacio femenino desde afuera de la casa o desde los cuartos de la servidumbre y amenaza la estabilidad de las casas de las clases sociales privilegiadas.

El tercer cuento que analizo en este capítulo, 'El hombre del túnel' de Armonía Somers, se relaciona por su temática con los otros dos textos, pero tiene lugar en un ambiente diferente. El personaje principal entiende el relato de la violación como una narrativa impuesta por otros preexistente a su experiencia. Este cuento condensa lo que está presente en los otros dos: un reclamo contra la victimización y contra un tipo de violencia más vinculada a la retórica que a los actos. La violencia en este cuento se presenta como una forma puramente discursiva. Nunca queda claro si el supuesto acto de violencia, la violación, tuvo lugar o no, aunque ciertas voces imprecisas indican que ocurrió. Incluso las otras formas de violencia presentes en el texto –un asesinato, un cuerpo atropellado por un auto– son puestas en duda al final de la historia cuando los lectores nos enteramos de que la narradora que está contando la historia está muerta. Identifico esta modalidad de presentar la violencia que la cuestiona como un hecho, como una manifestación de lo que Teresa de Lauretis describe como 'violencia de la retórica'. La violencia no se limita a lo que se representa sino que es inherente a la forma en que se representa. La narradora

---

[11] Tomo esta idea sobre la conformación del sujeto dentro de una estructura familiar del ensayo sobre Nora Lange de Nora Domínguez, publicado en Nora Domínguez y Carmen Perilli, *Fábulas del género: sexo y escrituras en América Latina*.

del cuento abandona el marco familiar como reacción en contra del relato de la violación que los demás intentan imponer y se vuelve violenta e hipersexualizada en su pasaje de la casa hacia la calle.

En el capítulo II analizo la manifestación más extrema de la ecuación entre sexualidad y violencia: la representación de la tortura y su relación con el género pornográfico. He incluido tres textos publicados entre 1981 y 1983, durante las dictaduras militares en el Cono Sur, 'Recortes de prensa' de Julio Cortázar, *Conversación al sur* de Marta Traba y 'Cambio de armas' (publicado en la colección *Cambio de armas*) de Luisa Valenzuela. En este capítulo propongo que la violencia política invade todos los espacios incluyendo aquellos que tradicionalmente se consideraban protegidos o asignados a actividades femeninas. Paradójicamente, como consecuencia de este ataque a los espacios privados se produce la apertura de nuevos espacios de circulación femenina en la esfera pública, como por ejemplo la Plaza para las Madres de Plaza de Mayo en donde todavía hoy reclaman por la aparición con vida de sus hijos. Las subjetividades femeninas de estos textos, igual que en el caso de las Madres, intentan colocarse en espacios nuevos, en los márgenes de la sociedad y en el intento de recuperar el dolor de la experiencia. A través de estos textos exploro cómo el dolor y la memoria se articulan en el discurso.

'Recortes de prensa' de Julio Cortázar representa insistentemente la violencia en diversas manifestaciones. En la escena de tortura de 'papá' a 'mamá', el texto parece describir una forma universal de violencia: la violencia doméstica. Puede ocurrir en cualquier lugar del mundo y tiene la capacidad de intercambiar posiciones de género: 'mamá' se convierte en la torturadora. La violencia hace un recorrido por el mapa mundial: abandona el ámbito político descrito previamente en la historia –la violencia perpetrada por la dictadura– y reingresa a la esfera privada con la violencia doméstica en un departamento en París. Al darle una solución doméstica (la revancha de 'mamá') a una forma de violencia doméstica (el abuso de 'papá a mamá'), el cuento de Cortázar despolitiza lo doméstico. La violencia doméstica en este cuento se separa del ámbito político y se resuelve en casa. Si los roles de género resultan intercambiables según quienes puedan ejercer más fuerza, entonces se produce una simplificación de la problemática de género y se borran las posiciones de la diferencia.

Conversación al sur de Marta Traba pone en evidencia el mecanismo de represión social de la dictadura, asociando el conflicto político con una cuestión de género. Construye así un espacio femenino que confronta la opresión masculina. Pero este espacio tiene un alcance limitado. No sólo lo destruye una dictadura masculina al final de la novela, sino que está cimentado sobre una serie de estereotipos femeninos que, al igual que el cuento de Cortázar, no permiten una toma de posición de la diferencia.

Mientras que la agenda política de Cortázar no logra confrontarse con lo doméstico, el texto de Luisa Valenzuela, más a tono con cuestiones feministas, logra establecer la dimensión política de lo doméstico. 'Cambio de armas' explora el lenguaje y los modos de representación que al mismo tiempo limita el autoconocimiento de las mujeres y refuerza la centralidad masculina. Este cuento instaura un contexto en el que las diferencias de género se vuelven explícitas. Al asignarle una nueva carga a las palabras, e incluso al género pornográfico, 'Cambio de armas' cuestiona con éxito la idea de que las palabras tienen un significado único. Identifica en el lenguaje un lugar de resistencia y una posibilidad de cambio social. Interpreto el final abierto de este cuento como un camino a la construcción de género de una forma diferente, rompiendo la estructura que victimiza a las mujeres.

El capítulo III incluye el análisis de dos textos publicados durante el gobierno de la transición a la democracia en Argentina y Chile: *El Dock* (1993) de Matilde Sánchez y *Los vigilantes* (1994) de Diamela Eltit. En ambas novelas es posible identificar un eco de las violencias pasadas durante las dictaduras. *Los vigilantes* introduce un tipo de violencia diferente al corpus de textos de este libro, resultante del nuevo orden mundial, el neoliberalismo. Mi análisis de estos dos textos se centra en la figura materna. Sostengo que estos textos proponen una transformación en el código de lo doméstico e intentan nuevas formas de definirlo. Recuperan las relaciones familiares y las ponen en el centro de la narración, pero a diferencia del capítulo I, en estos textos no existe un espacio de pertenencia garantizado. Por el contrario, conseguir un espacio se vuelve una práctica, un hacer o también, un deshacer. La cuestión de la memoria también está presente en estos textos. Confrontan la necesidad de asumir el pasado y al mismo tiempo buscar un camino hacia un futuro que puede resultar tanto en una utopía como en el apocalipsis.

En *Los vigilantes* de Diamela Eltit, como en 'Cambio de armas', encuentro una propuesta de cambio en la construcción de género, rompiendo la estructura que victimiza a las mujeres. Pero la propuesta de *Los vigilantes* es más radicalizada. Desafiando las construcciones tradicionales de la maternidad, la madre que escribe es expulsada de la sociedad. Leo la abyección en este texto como una forma peculiar de utopía, que se escapa de los parámetros de nuestro entendimiento. La madre y el hijo de esta novela, animalizados, se colocan en un espacio de resistencia fuera del territorio paterno, del nombre del padre, un espacio sin lenguaje y sin orden, y por lo tanto abierto a nuevas posibilidades. La abyección es capaz de transgredir límites, abriendo caminos de subversión y emancipación.

El Dock de Matilde Sánchez también propone una utopía femenina en la que, a diferencia del texto de Eltit, la sociedad no se desmantela. Esta novela construye, en cambio, un desarrollo de alianzas más allá de lo político. La utopía de *El Dock* se coloca en las relaciones que unen a las personas. No se plantea como una vuelta a lo doméstico, sino más bien como una forma diferente de pensar lo político, una forma de fortalecer la experiencia femenina.

Las formas tradicionales de la familia y la maternidad tienden a despolitizar las acciones de las mujeres y las colocan fuera de la esfera de lo político. Separando lo público de lo privado, la familia y la reproducción quedan fuera de lo político. Sin embargo, organizaciones como las Madres de Plaza de Mayo demostraron que la esfera de lo doméstico es una parte esencial de lo político. De manera similar a lo que las Madres hicieron en el contexto de gobiernos opresivos, los personajes femeninos de estos textos encuentran una nueva forma de hacer política, borrando los límites entre lo público y lo privado. Tanto el texto de Eltit como el de Sánchez sugieren que las relaciones familiares no son la estructura más simple de la sociedad, como querían los viejos manuales de instrucción cívica de las escuelas secundarias en la mayoría de los países latinoamericanos, sino que tienen gran complejidad y pueden volverse el centro de discusión y resistencia.

El capítulo IV vuelve a los relatos de tortura y desaparición. Mi lectura en este capítulo gira en torno a cómo representar el trauma histórico, cómo transcribir una historia privada en un recuerdo público y cómo la narrativa pública de la memoria intenta recuperar la experiencia de la intimidad, gesto este último que replica una de las estrategias típicas de los estudios de género. Centro la discusión de este capítulo en una serie fotográfica de Marcelo Brodsky, *Buena memoria*, y un medio quizás más 'público' por su difusión que la literatura: el cine. Analizo películas recientes del cine argentino: una escena del documental *Cazadores de utopías* (1996) de David Blaustein, el film de ficción, basado en un reticulado de historias verdaderas, *Garage Olimpo* (1999) de Marco Bechis y el film ensayo que incluye micro-ficciones, *Los rubios* (2003) de Albertina Carri.

El trabajo con las imágenes de la memoria en las películas que analizo es diametralmente opuesto. Si *Cazadores de utopías* propone una distribución de discursos de la experiencia fuertemente marcados por el género, si en *Garage Olimpo* hay un esfuerzo por fijar imágenes, por normalizar historias ordenando un repertorio básico que está en circulación desde las primeras declaraciones de los sobrevivientes, *Los rubios* produce desorden, muestra a la memoria como inestable, pone en evidencia sus imágenes como construcciones, como ficciones. Si en *Garage Olimpo* no se problematiza la representación, si en cierta forma se domestica la memoria, en *Los rubios* y en *Buena memoria* se pone en tensión el recuerdo público, compartido, y la facultad íntima, privada, de rememoración, produciendo sinnúmero de recreaciones de la memoria.

Aunque los textos de mi selección claramente articulan la opresión a la que están expuestas las subjetividades femeninas, no es posible señalar que en todos ellos existan formulaciones o estrategias de cambio. Sin embargo, estas narrativas de la violencia contribuyen al entendimiento de la experiencia femenina, de acciones sociales pasadas en las que las mujeres fueron protagonistas y de posibles acciones sociales futuras.

Narrativas de la violación: la casa y el cuerpo en la ficción escrita por mujeres (1954–63)

Los relatos sobre la violación están presentes de manera dominante en diferentes ámbitos. En el discurso colonial constituyen una de las principales figuras del lenguaje. El análisis de este tipo de lenguaje permite a la crítica postcolonial plantear la inadecuación de ciertos órdenes sociales. Desde la publicación de *Orientalism* (1978), en el que Edward Said describe a la sociedad árabe como una mujer a ser conquistada (309), la teoría y la crítica postcolonial han identificado a la violación como uno de los principales tropos para hablar de la relación entre el poder imperial y las colonias. La apropiación del territorio por parte de los exploradores y los colonos europeos es referida mediante términos sexuales. Se habla de la 'penetración' de territorios 'virginales' y se considera al territorio colonizado como una geografía femenina 'sometida' a la virilidad de las fuerzas coloniales. Esta violencia sexual no tiene lugar solamente en el plano discursivo. El poder imperial (o simplemente el poder de un grupo sobre otro, como lo demuestran las guerras recientes en Bosnia, Herzegovina y Croacia, Dafur, etc.) se establece usando como una de sus metodologías la violación de mujeres, al mismo tiempo que construye una imagen hipersexualizada de la mujer nativa o mulata que 'legitima' el abuso.

La historia de América Latina comienza con una violación que marca la manera del Imperio de relacionarse con su colonia. Es posible ampliar esta afirmación, como lo hace Susanne L. Wofford en 'The Social Aesthetics of Rape', y sostener que en el origen de casi todas las civilizaciones hay un relato de violación. Uno de los mitos fundadores de la civilización romana, afirma Wofford, es el rapto de las sabinas: una victoria militar romana sobre mujeres de otra cultura que son conquistadas y subyugadas. En este mito la violencia contra la mujer marca el momento originario de control y dominación masculina que hace posible la existencia de una civilización. La mujer simboliza un beneficio para esta civilización pero sólo después de someterse a un hombre. Este mito propone la violencia contra las mujeres como un orden social, ya que encarna la fundación de la sociedad.

A pesar de la omnipresencia de los relatos sobre violación, una de las estrategias retóricas más típicas de estas narraciones es el desvío o la supresión efectuados tanto por los mismos textos como por los críticos o lectores. En este capítulo voy a analizar cómo se constituyen las subjetividades femeninas en tres textos rioplatenses, a los que clasifico como narrativas de la violación pese a que la violación se presente de manera elusiva. Los tres textos de mi selección narran la historia de una niña cuyo desarrollo psicológico se ve amenazado o interrumpido por un acto de violencia sexual: *La casa del ángel* (1954) de Beatriz Guido (Argentina), 'El pecado mortal' (1961) de Silvina Ocampo (Argentina) y 'El hombre del túnel' (1963) de Armonía Somers (Uruguay).[1] Más que la violación estos relatos parecen contar la incapacidad de lograr narrarla. Las escenas de violación en estas narrativas evocan imágenes entremezcladas, en el borde entre violencia, seducción y deseo. El efecto de lectura de esta mezcla es tal que, de la misma manera que los propios textos, la crítica evita la mención de 'violación'[2] o va aún más lejos: dos de las escenas de violación están incluidas en dos antologías de textos eróticos publicadas a comienzos de los años 90. El fragmento de la violación de la novela de Guido aparece en la recopilación *El placer de la palabra: literatura erótica femenina de América Latina*, en cuya introducción crítica de Fernández Olmos y Paravisini-Gebert, apenas se menciona a Guido y a su novela, no se habla de la violación y en cambio se alude al fragmento de *La casa del ángel* como 'la iniciación sexual de una niña'. Aunque esta descripción no deja de ser cierta, el desliz de omitir la mención de la violación, deja planteada una fuerte relación entre sexo y violencia, de manera equivalente a la que plantearían, como se verá más adelante, pensadores como Catharine MacKinnon. Un efecto similar tiene la inclusión de 'El pecado mortal' de Silvina Ocampo, en la *Antología del erotismo en la literatura argentina* compilada por Francisco Herrera.[3]

En estos textos sostengo que aunque las violaciones ocurran en la casa familiar, se establece una vinculación entre el espacio interior y el exterior, entre la zona de seguridad de las mujeres y el mundo de lo político. Al evitar poner en primer plano la discusión sobre violación, la crítica no se permite leer uno de los aspectos más innovadores de estos textos: los tres proponen un reclamo contra la victimización y contra un tipo de violencia tan vinculada a los actos como a la retórica. Entiendo esta omisión como una operación política que interviene de manera directa en la construcción de subjetividades femeninas. De allí que en mi análisis de los textos, el contexto que considero indispensable reponer no es tanto el histórico sino el de la relación entre violación y discurso. En este capítulo me propongo reinsertar estos textos en la discusión sobre la violación de la que la crítica los sustrae.

La problemática de la violación también nos permite reflexionar acerca de cómo es construido discursivamente el cuerpo femenino en la sociedad. Las narrativas de la violación describen a los cuerpos femeninos como vulnerables.

---

[1] 'El pecado mortal' aparece publicado por primera vez en la colección de cuentos *Las invitadas* en 1961 y 'El hombre del túnel' en *La calle del viento norte y otros cuentos* en 1963.

[2] Nora Domínguez en 'Familias literarias' habla de 'cuasi–violación' (231) cuando se refiere a la escena de *La casa del ángel*. Barbara Aponte, Helena Araujo y Blas Matamoro, comentando 'El pecado mortal', no mencionan la posibilidad de una violación y más aún, describen una relación consensual.

[3] El alcance de la palabra 'erotismo' escapa el abordaje de este capítulo.

Las secciones policiales de los periódicos presentan la violación a mujeres como un hecho aislado y con resolución en las instituciones de represión y justicia. La sociedad parece pedirle a las instituciones que demuestren su coherencia y poder interpretando y resolviendo casos individuales de violencia sexual de manera que garanticen la legitimidad de las instituciones sociales y normas de interacción sexual. En este contexto, podrían entenderse los juicios por violación como rituales cuyo propósito es, por un lado, curar las lesiones sociales, por otro, determinar cuáles son esas lesiones. Los juicios sugieren que estas lesiones pueden ser curadas caso por caso, es decir, penalizando a los violadores, pero no llegan a ocuparse de alterar los mecanismos sociales que hacen posible una violación (por el contrario, en los juicios, suelen reafirmarse esos mecanismos, de allí que sólo unos pocos casos lleguen a un tribunal). Podría decirse que los relatos de violación seleccionados para este capítulo trabajan en contra de esta dirección. En ninguno de ellos hay juicios ni castigos pero aunque tampoco podrían definirse como relatos esperanzados que propongan un modelo de cambio, sí establecen, a partir de una violación, configuraciones sociales imaginarias que desestabilizan el modelo hegemónico.

Aunque la literatura pareciera ser un espacio privilegiado para imaginar estas nuevas configuraciones, no es el único escenario posible. En la Argentina de los 90, un caso de violación y posterior asesinato llevó a la sociedad a confrontar los mecanismos que lo hicieron posible, desencadenando movilizaciones populares, desequilibrando el poder hegemónico y finalmente ocasionando la caída de una clase gobernante corrupta y abusiva. Me refiero al caso de violación y asesinato de María Soledad Morales que ocurrió en la provincia de Catamarca, Argentina, en 1990. El reclamo inicial de familiares y amigos por la falta de esclarecimiento de los hechos y por los repetidos episodios confusos en la investigación de este caso se trasladó a una disputa entre el pueblo catamarqueño y las autoridades.[4] Este episodio dejó en evidencia no sólo la corrupción del sistema sino la interacción entre el 'delito privado' de la violación, la política y la sociedad.

---

[4] El cadáver de María Soledad Morales, estudiante de 17 años, apareció semidesnudo y desfigurado en un descampado en septiembre de 1990. El expediente de la causa pasó por más de 7 jueces sin que resolvieran el caso. La falta de respuesta frente a las demandas de justicia originó las 'marchas del silencio', una serie de movilizaciones populares que llegaron a contar con 25.000 manifestantes en una provincia de 200.000 habitantes, encabezadas por la directora del colegio de monjas en el que estudiaba María Soledad. Como resultado de esta práctica de resistencia popular, el gobierno nacional intervino la justicia catamarqueña y luego el gobierno que había estado en manos de la misma familia por más de 40 años. Después de ocho años y dos juicios, finalmente se condenó a los asesinos, muy allegados a la familia gobernante, por 'violación seguida de muerte agravada por uso de estupefacientes'.

Violación y discurso

Hablar sobre una agresión sexual convoca imágenes entremezcladas. Produce evocaciones en las que los sentidos de los términos sexualidad, erotismo, violencia, trasgresión y delito se desplazan e invaden su territorio de significación. ¿De qué depende el alcance de cada uno de estos términos? ¿Cómo se decide su significación? Estas preguntas resultan relevantes tanto en el campo de la interpretación cultural como en el jurídico.

La palabra 'violación' tiene un significante fluctuante, plural, indecidible si no se toma partido, si no se adopta un posicionamiento frente a los acontecimientos. Como señalan Lynn Higgins y Brenda Silver en el prólogo de *Rape and Representation*, la definición de violación depende de quién cuente los hechos y qué historia cuente como verdad (1). La violación, entonces, es un problema de representación y su definición es una lucha interpretativa en la que se ponen en juego preconceptos acerca de las diferencias de género. Según analizan los teóricos y estudiosos de la violación,[5] es recurrente que en los relatos de violación, aunque se trate de una víctima la que enuncie, prevalezca la perspectiva masculina, de modo que las mujeres se presentan a sí mismas como culpables y no como víctimas.[6] Si la violación es una interpretación, no existe un criterio objetivo para definirla sino una decisión de excluir una interpretación y privilegiar otra.

En *Defining Rape*, Linda Bourque demuestra que los hombres y las mujeres entienden qué es una violación de manera diferente según edad, nivel socioeconómico, educación y las percepciones en torno al crimen de una comunidad determinada. El estudio de Bourque sugiere que la violación no existe en 'estado natural' fuera de las características económicas, sociales y políticas de los grupos que tienen el poder de definir ciertos comportamientos como problemas sociales.

La vinculación entre sexualidad y violencia en la violación también es materia sometida a interpretación y a discusión entre feministas y filósofos. Sistemáticamente, se podría identificar un debate entre dos posiciones básicas: quienes en los actos de violación diferencian la sexualidad de la violencia (aunque con distinto fundamento filosófico) y quienes analizan estas categorías como entremezcladas. En el primer grupo coloco a Foucault, quien en 1977, consultado acerca de una posible reforma del código penal, propuso desexualizar la violación:

---

[5] Véanse, entre otros, los ensayos incluidos en *Rape and Representation* recopilados por L. Higgins y B. Silver, especialmente el de Coppelia Kahn, también *El enigma sexual de la violación* de Inés Herchovich y demás bibliografía sobre la violación citada en este capítulo.

[6] Me refiero aquí exclusivamente a las mujeres puesto que aunque los hombres también pueden ser víctimas, no están sujetos a la amenaza de violación que las mujeres enfrentan. Esta amenaza opera en las mujeres como un mecanismo de control social. Impone ciertas restricciones como por ejemplo no circular por determinados espacios o no salir solas a determinadas horas. También codifica al cuerpo de la mujer como posible víctima.

One can always produce the theoretical discourse that amounts to saying: in any case, sexuality can in no circumstance be the object of punishment. And when one punishes rape one should be punishing physical violence and nothing but that. And to say that it is nothing more than an act of aggression: that there is no difference, in principle, between sticking one's fist into someone's face or one's penis into their sex. (Foucault 'Confinement' 200)

Esta propuesta de desexualizar la violación, despenalizarla como tal y transformarla en una ofensa civil, similar a cualquier forma de ataque físico, se enmarca en la idea de Foucault de aplicar la estrategia de 'desexualizar' la sexualidad, multiplicando y diseminando placeres para cancelar el ahora obsoleto entendimiento de la sexualidad como un dominio circunscrito y fundamentalmente opuesto al poder y la ley.[7] De esta forma desacraliza la violación en el marco legal (no le atribuye un estatus particular) argumentando la necesidad de cancelar diferencias de poder en los roles sexuales. La propuesta de desexualización resulta particularmente problemática cuando se refiere a violación. Teresa de Lauretis entiende esta propuesta como una forma de oposición al discurso disciplinante que construye la sexualidad como medio de poder social y político, pero la critica: 'Such a form of "local resistance" on behalf of the men imprisoned on, or subject to charges of rape, however, would paradoxically but practically work to increase and further to legitimate the sexual oppression of women' (de Lauretis *Technologies* 37). En su propuesta de despenalización, Foucault está interpretando la violación como algo 'propio' de los hombres (ellos son los perpetradores y quienes deben ser penalizados) y deja de lado la relación entre la violación y el cuerpo femenino.

La propuesta de desexualización de la violación que hace Foucault coincide con la de Susan Brownmiller, una de las primeras feministas norteamericanas que se ocupó del tema de la violación. Sólo que la motivación de Brownmiller responde a un interés diferente: no despenalizar la violación pero sí desexualizarla para liberar a la víctima de todo estigma. En *Against Our Will*, Brownmiller, quien acuñó la célebre frase 'Pornography is the theory and rape the practice', señala que la violación resulta un tema apropiado para cuestionar la opresión de la mujer y las actitudes culturales frente al sexo y el género. Brownmiller lleva a un extremo la esencialización del concepto del cuerpo. Sostiene que la violación es tan 'natural' en el cuerpo de las mujeres como las mismas relaciones sexuales: 'what it all boils down to is that the human male can rape ... Man's structural capacity to rape and women's corresponding structural vulnerability are as basic to the physiology of both our sexes as the primal act of sex itself' (Brownmiller 13).

La otra escuela de pensamiento feminista acerca de la violación, que incluiría a una amplia gama de feministas desde Catharine MacKinnon ('Feminism') a Judith Butler ('Contingent Foundations'), sospecha de la manera en que las

---

[7] En la entrevista 'The Confession of the Flesh' publicada en *Power/Knowledge: Selected Interviews and Other Writings, 1972–1977*, ed. Colin Gordon (1980).

normas legales y sociales hacen la distinción entre 'sexo', que presumiblemente no sólo es consensual sino que no causa daño físico, y 'violencia'. En 'Feminism, Marxism, Method and the State' MacKinnon critica la suposición de que un acto sexual pueda ser considerado con objetividad, sin un punto de vista. 'Reality is split', afirma, y sostiene que el género es el principio de tal división. 'Rape is a sex crime that is not a crime when it looks like sex' (654). Para MacKinnon, en los juicios de violación se pone en escena el sistema de inequidades de género. MacKinnon va aún más allá al proponer que el sistema judicial no puede distinguir entre violación y relaciones sexuales consensuales porque según esta crítica, en el sistema patriarcal las relaciones sexuales consensuales son un mito para las mujeres, ya que no tienen libertad de elección. De modo que para MacKinnon, la violación se transforma en una metáfora de las relaciones sexuales bajo el patriarcado. El tema de la violación le resulta útil para analizar la configuración de la sociedad patriarcal. Aunque MacKinnon llega a significar las categorías de masculino y femenino de una manera extremadamente esencialista, su argumento que relaciona violencia y sexualidad se agrega productivamente al diálogo.

Higgins y Silver insisten en la hermenéutica de la violación. Señalan que en los juicios de violación la convicción no depende tanto del daño causado a la víctima sino de cómo se interprete la conducta del violador y la de su víctima, que paradójicamente suele ponerse en cuestión en torno a si ofreció resistencia, su historia sexual, su relación con el victimario (3).[8] El material a interpretar va más allá aún: a diferencia de los juicios por otros delitos en los que no hay duda de que el delito se haya cometido (si existiera esa duda, no habría juicio), en los juicios por violación como señala Higgins, podría cuestionarse si la violación ocurrió o no (307).

> In fiction and life, rape is a special kind of crime in relation to narrative. It differs from other violent crimes in the kind of alibis it permits. To prove his innocence, someone suspected of murder must show he himself was elsewhere or that the murder was committed by another person. He can rarely claim that no crime occurred. Murder is not a crime whose noncommission can be narrated. Rape, on the other hand, can be discursively transformed into another kind of story. This is exactly the sort of thing that happens when rape is rewritten retrospectively into 'persuasion,' 'seduction,' or even 'romance.' (Higgins y Silver 307)

La denuncia de la violación también requiere una evaluación y sin duda por este motivo la violación es uno de los delitos menos denunciados. La decisión

---

[8] Hasta la reforma de las leyes de violación de los años 80, en la mayoría de los estados de Estados Unidos, la ley exigía que se probara que hubo resistencia por parte de la víctima para condenar al victimario. Algo similar ocurre en el Cono Sur. Hasta 1999, en el código penal argentino, el delito de violación figuraba bajo 'delitos contra la honestidad', y en el código penal de Uruguay, para que el perpetrador sea castigado, se debe comprobar que la mujer es 'honesta'. La honestidad se refiere a la observancia de las buenas costumbres en materia sexual, concepto no definido legalmente y sólo aplicable a la mujer.

de las víctimas de definir una experiencia como la violación no sólo expone a la mujer ante su familia y su comunidad, delinea también mecanismos de control social de la sexualidad y hace de su cuerpo un testimonio disponible, un texto interpretable, como ejemplo de un desorden social que debe ser frenado a través de la deslegitimización de la sexualidad de las mujeres o de un sistema judicial.[9]

En 'Fighting Bodies, Fighting Words', Sharon Marcus define la violación en términos lingüísticos:

> [T]he violence of rape is enabled by narratives, complexes and institutions which derive their strength not from outright, immutable, unbeatable force but rather from their power to structure our lives as imposing cultural scripts. To understand rape in this way is to understand it as subject to change. (389)

La relación que Sharon Marcus propone entre violencia sexual y lenguaje sugiere que los relatos de violación contribuyen a justificar la violación y que las víctimas se apropian o desafían estos relatos en el contexto de violencia sexual y en el proceso de representación.

Para Marcus la narrativa básica de la violación (*script*) debe ser entendida como un proceso sexista al que se debe confrontar y no un ensayo de diferencias inherentes a los cuerpos masculinos y femeninos (391). Las narrativas de la violación describen a los cuerpos femeninos como vulnerables, penetrables, violables. La metáfora de la violación como invasión alimenta esta descripción. El corolario psicológico de esta metáfora caracteriza a la sexualidad femenina como un espacio interior, la violación como la invasión de este espacio y las políticas contra la violación como una forma de proteger este espacio del mal exterior.

La investigación de los relatos de violadores convictos demuestra la relación entre la acción y el lenguaje y cómo la violación es un lugar de lucha material y discursiva del poder cultural. 'Acts of Power, Control and Resistance: Narrative Accounts of Convicted Rapists', el trabajo de Peter Kellet sobre cómo los violadores racionalizan y cuentan, ilustra que la práctica de la violación se describe y justifica como una deuda, una devolución, una revancha o un acto de justicia (148). En muchas de estas narrativas, los violadores perciben a su víctima como alguien que ejerce poder con el cuerpo de modo que justifican la violación por la necesidad de ponerle un límite a la víctima.

---

[9] Los códigos penales de los distintos países muestran la falta de imparcialidad del sistema legal en relación a las mujeres. El grado de subyugación de la mujer queda reflejado en este ejemplo: el casamiento entre el victimario y la víctima de una violación o estupro como posible 'correctivo' estaba contemplado en el código penal argentino hasta la reforma de 1999 y todavía hoy está vigente en el código penal uruguayo (artículo 116). Se exime de responsabilidad penal al ofensor si se casa con su víctima (de la cual la ley asume que es mujer, puesto que en Uruguay la ley tampoco contempla casamiento entre dos personas del mismo sexo). Ninguno de los dos códigos penales contempla específicamente la violación marital.

El violador se construye como un sujeto sexual poderoso y construye a su víctima como una opresora que debe ser silenciada (153). Las justificaciones de los violadores convictos son un ejemplo de cómo la violación y la posibilidad de ser violada se relacionan con la construcción de la identidad de género (Higgins y Silver 3).

Narrativas de la violación

Basándome en la propuesta de Sharon Marcus de definir a la violación en términos lingüísticos, en *La casa del ángel* (1954) de Beatriz Guido, 'El pecado mortal' (1961) de Silvina Ocampo y 'El hombre del túnel' (1963) de Armonía Somers, planteo entonces la existencia de una narrativa de la violación, una serie de pasos y señales, que permite que las estructuras sociales inscriban en hombres y mujeres las desigualdades genéricas que permiten que la violación ocurra. Siguiendo también a Marcus, propongo que estas narrativas de la violación describen a los cuerpos femeninos como vulnerables, penetrables, violables. También formulan una metáfora de la violación como invasión.

Analizo la violencia en estos textos como una norma reguladora que interviene en la formación de subjetividades. Tanto las instituciones –la religión, la familia, el patriarcado– como quienes están en posiciones de relativo poder, inscriben en los cuerpos lo que consideran normas culturales apropiadas a través de prácticas de violencia. El concepto de Foucault de 'cuerpos dóciles' se relaciona con esta idea. 'A body is docile that may be subjected, used, transformed and improved' (*Discipline* 136). Para Foucault el 'modelado' de los cuerpos se logra a través de la imposición de ciertas dinámicas de poder, directamente mediante la fuerza y el castigo o indirectamente a través de prácticas culturales que se transforman en normativas.

Considero la violación en estos textos como una narración por separado, un libreto preexistente, al margen del hecho mismo de la violación, que se impone sobre los personajes femeninos como una norma regulativa. El carácter de narración preexistente es especialmente evidente en el cuento de Armonía Somers, 'El hombre del túnel', en el que el acto de la violación no llega a relatarse pero igual su narrativa marca la subjetividad del personaje principal. Las ficciones que incluyo en este capítulo, ponen en primer plano la relación entre la violación y el cuerpo femenino. Las tres cuentan la historia de una niña o adolescente, desde su perspectiva –desdoblada en el caso de Guido y Ocampo–, cuyo desarrollo se ve alterado por una violación. La violencia sexual se mezcla o asimila con narraciones sobre crecimiento personal, iniciación a las relaciones entre hombres y mujeres y fantasías sexuales preadolescentes.

El orden de la casa

En *Desire and Domestic Fiction*, Nancy Armstrong analiza el surgimiento de la novela inglesa del siglo XVIII como consecuencia de la consolidación de la burguesía. La narrativa de la época, a la que Armstrong llama ficción doméstica, permite trazar la historia de una forma específica del deseo que durante el siglo XVIII cambió el criterio de determinación sobre qué es importante en una mujer. En las ficciones domésticas y en los manuales de conducta de las mujeres se construyó un ideal que unificó más allá de creencias religiosas, facciones o regiones, los intereses de la incipiente burguesía. Según Armstrong, una de las características principales de las ficciones domésticas es que buscan separar el lenguaje relacionado con la esfera privada del lenguaje relacionado con la esfera política, y de esa forma introducen una nueva forma de poder político (3). Armstrong sostiene que la mujer doméstica que surge de esta separación es uno de los más importantes agentes históricos. Con esta afirmación Armstrong no sólo eleva el estatus de la mujer de la casa, sino que coloca lo doméstico en el plano de lo político.

Pese a la distancia geográfica y temporal, los dos primeros textos que analizo en este capítulo, *La casa del ángel* y 'El pecado mortal', podrían clasificarse también como ficciones domésticas. La acción en los dos textos transcurre en mansiones de la alta burguesía porteña en decadencia, presumiblemente durante principios del siglo XX.[10] En ambos hay un esfuerzo por separar la vida privada de la política, y una división bien definida entre el adentro y el afuera de la casa. En esa división se inscribe una búsqueda por definir qué es femenino en un contexto familiar en el que los roles de género parecen estar rígidamente delineados. En *La casa del ángel* en particular, los personajes masculinos y los femeninos tienen distintos espacios de acción, distintas ocupaciones y distinta forma de hablar. El espacio de la casa se proyecta como un microcosmos social, político, religioso y sexual que organiza relatos y subjetividades.

En ambos textos hay una narración desdoblada que devuelve a la protagonista a su casa de infancia. Pero ese regreso es más crítico que nostálgico. La casa familiar no necesariamente resulta un lugar idealizado sino más bien problemático. El pasado les devuelve a las dos protagonistas una cotidianeidad amenazante en la casa de su infancia. Ambas tienen una forma diferente de habitar el espacio de la casa que el resto de la familia. Pertenecen a ese ambiente pero de una manera diferente (ambas se llaman 'espías'). Tienen acceso a ciertas zonas y experiencias invisibles para los demás miembros de la familia. Esa posibilidad de estar en otros espacios las convierte en diferentes pero también las vuelve más vulnerables.

---

[10] En ambos casos, las autoras insisten en que hay en estos textos elementos autobiográficos, lo cual nos daría alguna referencia temporal. Ocampo nació en 1903 y murió en 1994, Guido nació en 1924 y murió en 1988.

La casa del ángel de Beatriz Guido

La casa del ángel, publicada unos pocos meses antes de la revolución 'Libertadora' que derrocó al gobierno de Perón en 1955, cuenta la historia de una familia de la alta burguesía porteña desde la perspectiva de Ana, la menor de las tres hijas. En la casa del ángel, donde transcurre la mayor parte de la acción, además de las niñas viven el padre vinculado a la política, la madre sumamente religiosa, la niñera Nana y los otros empleados domésticos. Ana, como la mayoría de los personajes adolescentes en la obra de Beatriz Guido, es inquisitiva y cuestiona las enseñanzas dogmáticas de su familia, enquistadas en dos centros de poder: la política y la religión. Por sus indagaciones a contrapelo del mundo familiar pero desde el espacio de la casa, la crítica le asigna a Ana el lugar de la espía (Zinder; Domínguez 'Familias' 230).[11] La narración gira en torno a un duelo que tendrá lugar en la casa del ángel entre Pablo Aguirre, un joven diputado del mismo partido político del padre de Ana, y un legislador opositor. El duelo ocurrirá en una época histórica, presumible-mente los años 30, en que ya los duelos son parte del pasado. Los días anteriores, la adolescente Ana romantiza la escena, coloca sus fantasías y deseos en el joven Pablo, a quien todavía no conoce, y espera que durante ese evento ocurra algo que cambie el curso de su vida.

La narración comienza y termina con una escena en el presente en la que Ana adulta y su padre comparten el té con Pablo, convertido ahora en el invitado de todos los viernes. La narración tiene cortes que van llevando la historia hacia otros viernes en el pasado de la familia. Ana recuerda su infancia y adolescencia como una antesala a la madrugada del duelo en el que Pablo Aguirre se bate contra su opositor político. Ese momento llega en las últimas páginas de la novela y junto con él llega la violación. La noche anterior al duelo, Ana entra a la habitación en donde está Pablo y en un confuso episodio es violada por él:

> Yo seguía clavada a su lado. No podía retroceder. Después ya fue demasiado tarde. Durante una hora no hice más que defenderme. Sin embargo, no podía gritar. Ni siquiera pensé en gritar. Me defendí desesperadamente, sabiendo de antemano mi derrota. Yo acortaba así el tiempo que le quedaba hasta la muerte.
>
> Rodé por la alfombra. Me defendía detrás de las patas barrocas y sólidas de la cama; me envolvía en las colchas de brocato y esperaba que volviera a encontrarme. Cuando sentí cómo rodaban los portarretratos amarillentos de mi familia y la voz de Vicente se alejaba definitivamente, grité, mientras recordaba a mi madre comulgando esa mañana, con nosotras detrás. Volví a escuchar la voz de mi padre preparando el duelo. Pude entonces, sí, gritar sin que me oyeran.
>
> Fue un grito de dolor, de odio y de soberbia. Me levanté como pude. El

---

[11] En una entrevista con Roffé y Martini Real, la misma Beatriz Guido se calificó como 'espía del peronismo' (9).

quedó tendido en la alfombra. Abrí la puerta y la volví a cerrar sin mirar para atrás.

En casi todos los micro-relatos en los que Ana cuenta episodios de su infancia y adolescencia, o en sus transiciones, hay alguna referencia a los preparativos, la expectativa y las traumáticas consecuencias que hacen que toda la acción de la novela remita al viernes del duelo y que el presente de la narración quede vacío de contenido, como una especie de limbo.

La casa del ángel puede leerse como un *bildungsroman*, es decir, como la construcción de una subjetividad en un marco familiar. La mayor parte de la acción transcurre en una casa de la alta burguesía argentina. Cuando el personaje de Ana recuerda el pasado, insiste en mirar, recortar del periódico y evocar rostros.[12] Desde la perspectiva de Ana antes de la violación, los rostros tienen historia. En el presente de la narración, para la narradora adulta, los rostros se pierden, las miradas sólo llegan 'al nudo de la corbata' (14). La violencia provoca en la narración un exceso de memoria que envía siempre hacia el pasado y fantasmagoriza y dilata el presente. Mientras que cada acción del viernes en que ocurrió la violación nítidamente retoma el recuerdo de un suceso anterior, las acciones del presente pierden intencionalidad y los personajes se vuelven 'fantasmas' sin rostros.

Los procedimientos de escritura se ponen en evidencia en la novela en las numerosas escenas en las que Ana escribe sus obras de títeres o su diario,[13] de modo que su subjetividad se conforma también en la escritura. Hay en la novela un desdoblamiento de narradores: Ana niña o adolescente, que aparece en los textos intercalados de su diario íntimo, y Ana adulta, aunque no siempre es posible discernir cuál de las dos es la que narra. Ana es la única de la familia que escribe. Su escritura es la marca de una diferencia familiar, la distingue pero también la separa del grupo. Esconder la escritura, negar su autoría de las obras de teatro que representa con los títeres es una forma de reestablecer lazos con la familia (90), de enmascarar las diferencias.

Ana tiene otra marca distintiva en su cuerpo. Si el pasaje de una narradora a otra produce cambios en el cuerpo del texto a través de los cortes temporales (*flashbacks*) y espaciales (blancos en la gráfica del texto), el pasaje de la niñez a la mayoría de edad no produce alteraciones en el cuerpo de Ana. Aunque en el momento de la violación tiene 16 años y los *flashbacks* nos remontan a cuando tenía 11, las dos narradoras insisten en la falta de desarrollo físico de Ana. En ese lapso tampoco parece haber cambios en su desarrollo psicológico o intelectual: permanece igual y hasta el día de la violación, se resiste al crecimiento. Cualquier referencia a su cuerpo le provoca odio, temor o tristeza. La confronta con el 'infierno' (33) de la desingularización, de la uniformación.

---

[12] En 'Políticas del rostro: construcciones y destrucciones en narrativas femeninas del siglo XX', Nora Domínguez hace un interesantísimo análisis sobre los rostros en la narrativa de Norah Lange, Silvina Ocampo y Beatriz Guido.

[13] En 'Familias literarias', Nora Domínguez entiende estas escenas también como reflexiones acerca del tipo de escritura al que una mujer tiene acceso (228).

En la escena en que las hermanas van a probarse los uniformes que cose la
modista de la familia, Ana se enfrenta al 'horror' de que las manifestaciones
de su crecimiento la hagan integrar un sujeto plural:

> Creo que lo que más temía era que los demás se dieran cuenta de ese cambio
> y que madame Palmés apoyando su rodete en mi pecho gritara: – ¡Al fin, ya
> somos mujer!. (105)

La diferencia de Ana le permite circular por la casa de una forma distinta
a la de los demás miembros de la familia. Puede desplazarse por zonas vedadas
como el techo y el sótano. Desde estos espacios establece contactos diferentes
con otros sectores sociales. Desde el techo dialoga con los varones del barrio
y se integra a su juego, vedado a las niñas; en el sótano encuentra a Nana en
una actividad física secreta e 'inexplicable', que Ana define en términos
religiosos como un 'hacer penitencia' (71).

El extremismo con el que el padre y la madre están caracterizados en la
novela puede entenderse como una estructuración de la familia en función de
una clara división de esferas. Cada uno de estos personajes está armado según
un único tipo de discurso. El padre es un poderoso político cuya única decisión
en relación con la casa gira en torno a la política. El es quien determina usarla
como escenario de enfrentamiento entre partidos, como sede de duelos. La
madre, en cambio, como propone Armstrong en su estudio sobre la mujer
doméstica, ocupa un lugar también privilegiado donde puede ejercer poder,
pero sin contenido político. Cada uno representa maniqueamente un código
discursivo: el padre, la política; la madre, la religión. Entre los dos se disputan
y combinan espacios de interpretación: cuando pasa la manifestación anarquista
por la casa del ángel, a la pregunta de Ana sobre qué pasa, la respuesta es
'Revolucionarios, pecadores' (162).

El personaje adolescente de Ana se construye a partir del enfrentamiento de
estos dos códigos pero además tiene la capacidad de incorporar otros saberes.
Estos saberes son puestos en circulación en el texto asociados a distintos
discursos provenientes tanto de la cultura alta como de la popular: religión,
pintura, escultura, fotografía, cine, literatura (modernista y romántica), noticias
policiales y relatos folclóricos. Todos estos discursos, que se entrecruzan en
distintas manifestaciones, son reprocesados por Ana. Tanto Ana como Nana, la
empleada de la casa, son presentadas como *bricoleurs*.[14] Las dos tienen la

---

[14] Tomo la figura de *bricoleur* de *The Savage Mind* (160) de Lévi-Strauss, en donde la
opone a la figura del ingeniero. El ingeniero es el que crea una estructura, el *bricoleur* es
el que la modifica y adapta a nuevas necesidades o intereses. Este concepto pasó luego de
la antropología cultural a otras disciplinas. En 'Structure, Sign, and Play in the Discourse
of the Human Sciences' Jacques Derrida propone que el concepto de bricolaje encierra una
crítica al lenguaje. Según Derrida, el mayor mérito de Lévi-Strauss no fue desentrañar la
estructura de los mitos sino más bien descubrir el poder mitopoético (no racional) del
bricolaje: 'what appears most fascinating in this critical search for a new status of the
discourse is the stated abandonment of all reference to a center, to a subject, to a privileged
reference, to an origin, or to an absolute arche' (288). El bricolaje funciona como elemento

habilidad de combinar materiales y relatos de distintas procedencias. La capacidad transformadora de Ana refleja su negativa a permitir que los saberes constituidos hablen a través de ella. Con ellos crea nuevas formas: un diario íntimo en el que la escritura se combina con recortes de periódicos y fotografías; obras de teatro para títeres que recrean novelas (85), pasajes bíblicos (84) o alegorías (86–90); poesías como rezos (58, 134); etc.

Nana es un personaje bisagra. Con excepción de ella, todos los personajes que no pertenecen a la clase social de la familia (los deshollinadores, el taxista que insulta a la madre, las mujeres que Ana ve en sus paseos por la plaza, los anarquistas) se presentan como amenaza. Nana, en cambio, conjuga el mundo del adentro y el afuera de la casa. Con su biblia forrada con una hoja de periódico (34), recrea y se apropia de relatos en los que se mezcla el 'Apocalipsis' con noticias policiales y 'La lluvia de cobre' de Lugones: 'Pensé que el Apocalipsis lo había pintado Nana. El relato le pertenecía' (34).

Ana convive con la mezcla: 'Pienso ahora que en esa época yo no distinguía muy bien las novelas de capa y espada de los dramas que veía en el cine, o de los novelones de Nana. Se mezclaban gladiadores, duelistas, guerreros, viudas y amores imposibles' (56). Pese a su capacidad de adquirir saberes y readaptarlos, Ana no logra procesar todos los conocimientos. Como señalé antes, la figura del padre representa el código discursivo de la política y la madre, el de la religión. El discurso sobre sexualidad es introducido por personajes secundarios de la novela. Aunque la sexualidad produce en Ana cierta fascinación, la reprime y rechaza. Para ella lo sexual y lo femenino se confunden, casi se transforman en sinónimos, y a estos dos términos se agrega un tercero, 'el infierno': 'El infierno era para mí madame Palmés [la modista], Vicenta [la amiga que le lee las partes eróticas de la biblia], la voz de mi madre cuando discutía con mi padre y la vergüenza que me producía Julieta tratando de justificarse ante su conciencia para poder faltar a sus promesas' (33). Si los otros conocimientos marcan una distinción en ella, la sexualidad la amenaza. Y a esta amenaza se une otra: la política. No sólo la estatua del ángel que distingue y da nombre a la casa recibe pedradas y tomatazos de una manifestación anarquista sino que la política es la causante del duelo y con éste ingresa la violación a la casa.

Aunque el lugar de la madre en el relato no sea central, ella aparece como el origen de los saberes formativos que se ponen al alcance de Ana. Si bien no es la madre la que transmite estos saberes directamente, tiene una red de

descentrador, cuestionador de conocimientos absolutos. En términos de Derrida, lo que el *bricoleur* logra es no asignar valor de verdad a una estructura o sistema sino más bien evidenciar ese sistema como tal, como una construcción, como algo que se edifica en torno a una idea central que mantiene la estructura en pie aún cuando esa idea sea deficiente o una ilusión. El *bricoleur* no se preocupa por la estabilidad del sistema que utiliza sino que aprovecha los materiales a su alcance para construir su sistema. La idea de bricolaje provee una manera de pensar sin tener que establecer un nuevo centro, un sujeto, una referencia privilegiada o un origen. Es decir, reorganizar el sistema, cuestionarlo, sin necesariamente desmantelarlo.

mujeres aliadas en este proceso. El padre llama 'primer ministro' (158) de la madre a Nana, uno de los pocos accesos que las niñas tienen a la cultura popular. Nana les da una versión *sui generis* de la biblia y las inicia en los relatos policiales de los periódicos y otros de la cultura popular en dosis admisibles para el estándar materno: la misma Ana dice que seguramente su madre 'creía que Nana nos iniciaba en la vida' (65). Ana cree que Vicenta, la amiga que le lee los pasajes eróticos de la biblia y le hace referencias constantes al desarrollo de su cuerpo, es un 'emisario' de la madre (147). La madre contrata a la señorita Francini para terminar con las confusiones y las preguntas de Ana acerca del catecismo y la religión. También se dice que la madre colaboró en la pintura de los frescos en el cielorraso de la casa en los que se representan escenas de violencia que describen lo que Sharon Marcus llama libreto de la violación.

Una recorrida por estos frescos, nos muestra cómo la narración de la violación está inscripta en la casa misma. Los frescos de la casa del ángel aparecen mencionados repetidas veces en distintos micro-relatos, describiendo escenas de horror y de violencia que la obligan a tomar posiciones y a confrontar su propia sexualidad. Estas escenas se proyectan en los ojos de Ana: 'El cielo raso de mi cuarto reflejaría en mis ojos las ninfas desnudas, los guerreros árabes y el baño de Leda … Después de ese largo rodeo comencé a temblar. Para que alguien viera el cielo reflejado en mis ojos tendría que estar encima de mi rostro, y yo acostada boca arriba' (50–1). En todos los frescos se mezclan imágenes apocalípticas en la visión de la narradora: 'No era el carro del Apocalipsis, pienso hoy, sino el Rapto de las Sabinas, o no sé qué extraña combinación de fin del mundo y rapto' (21). Pero ésta no es la única 'extraña combinación'. Los frescos no sólo anticipan lo que ocurrirá en la novela sino que imponen la presencia constante de una narración de la violación como sistema de control. Sin embargo, esa narración no es del todo unívoca: contiene su propio punto de fuga. Los rostros de los personajes de los frescos están cambiados: 'las mujeres aparecían con cara de hombre, los hombres con cara de mujer y los caballos con cabeza de vaca' (50, y similar en 22). Las posiciones binarias de género que tan fuertemente están marcadas en la casa a partir de la división entre la esfera política y la privada se desestabilizan en los rostros cambiados de los frescos. El pintor también tiene un posicionamiento poco claro en la casa. Las referencias a los frescos vienen acompañadas de menciones al momento en que se pintaron, con la madre y las tías de asistentes, y el 'maestro' siguiendo sus indicaciones. Los frescos requieren posiciones: la del maestro en el momento de producir la obra ('¿Lo pintó acostado, boca arriba?', 21), la de la madre y las tías ('nunca llegué a comprender cómo era posible que mi madre y mis tías hubieran presenciado la pintura de mujeres desnudas', 22), la de Ana para que alguien los vea reflejados en sus ojos (51).

La casa del ángel ofrece un inventario de tipologías femeninas: la madre, la criada, la monja, la prostituta, la lesbiana, la gitana, la bailarina pública, la bailarina privada, la paralítica que espía y es espiada por la ventana, las niñas 'avivadas' que conocen los secretos de la sexualidad, las heroínas del cine y de novelas románticas. Ana reacciona con espanto a algunas y con fascinación a otras. Todas tienen que ver con representaciones rituales. Estas tipologías femeninas podrían entenderse como teatralizaciones de género (Domínguez 'Familias'). Judith Butler define el género como una actuación. En *Gender Trouble*, señala que la subjetividad es una *performance* que reasume permanentemente una identidad genérica y corporal. Para Butler las nociones de cuerpo y subjetividad se asocian con la repetición de determinados actos. Estos actos siguen un esquema normativo por medio del cual se transforma, se redefine y se reproduce de manera incesante la materialidad del cuerpo. La repetición es al mismo tiempo una continua cita de los discursos sobre el cuerpo y la sexualidad que se materializan en formaciones con la capacidad de cambiar permanentemente. Es posible pensar entonces la manera en que los discursos sociales moldean una identidad genérica y a qué parámetros responde esta identificación. Ana literalmente actúa algunas de las tipologías femeninas que aparecen en la novela en sus representaciones de títeres. La escena de la violación también se prepara como una actuación: 'Estoy viendo este día como si estuviera en un escenario: mis gestos de tan esperados parecen los de un actor; no sé cómo mis hermanas no se han dado cuenta todavía' (44).

Las figuras masculinas que recorren el texto no llegan a construir tipologías pero son percibidas como amenazas. Ana nunca sabe cómo va a reaccionar su padre; su madre es maltratada por el conductor de un taxi (110–13); Ana sufre las apariciones recurrentes en el parque de un viejo con un bastón con cabeza de víbora (73); los deshollinadores irrumpen en las habitaciones sin previo aviso desde las chimeneas (76).

La violación en esta novela ocurre cuando Ana empieza a descubrir su deseo. Este deseo se inscribe siguiendo el modelo del relato romántico de las novelas o las películas. Se traduce en un 'ser como las heroínas':

> Esa tarde comprendí que no podría ser nunca la heroína del duelo con mi cuerpo sin formas y los cabellos recogidos. Todo mi crecimiento, que había sido detenido por el miedo, quería ahora desbordarse. Y un deseo de ser como las heroínas de las novelas o de las películas me dominaba hasta la desesperación. (105)

La violación interrumpe el proceso de formación de Ana. La instala en una especie de limbo, un mundo en el que las presencias son fantasmas:

> Comencé a habitar el páramo que él había abierto para mí la noche del duelo. Salía de mi casa por las mañanas y no regresaba hasta el atardecer. Caminaba por la ciudad, hasta perderme en los barrios más tristes y apartados … Pero siempre, al doblar de una esquina, estaba él, esperándome. No sé si está vivo o muerto. No sé tampoco si somos dos fantasmas; deberíamos haber muerto aquella noche; él en el parque, y yo en la terraza del ángel. (174)

En los frescos de la habitación de Ana 'varias ninfas semidesnudas eran raptadas por guerreros árabes' (21) y en el de una de las hermanas, se describe el rapto de las sabinas. Al comienzo de este capítulo mencioné, comentando a Wofford, cómo el mito romano de las sabinas presenta la violencia contra las mujeres como un orden social, ya que representa la fundación de la sociedad. *La casa del ángel* también estaría proponiendo un nuevo orden social en el que las posiciones binarias de género pierden rigidez. Las mujeres, como los frescos, podrían tener caras de hombres y viceversa. En la escena que abre y cierra la novela, los hombres se quedan en casa tomando el té y la protagonista sale a la calle. Ana se escapa del mandato social de la mujer doméstica. No se queda en la casa ni cumple con todos los dictados de la estructura patriarcal. Al final de la novela, Ana no integra el plural de las mujeres –el 'somos mujer' de la madame Palmés, la modista, que tanto la horrorizaba–, y logra adoptar otro rol fuera de la familia y la iglesia. Pero si de alguna manera elude un 'infierno' (33), se instala en otro –también descrito en la novela como una boda– el silencio: 'Toma la taza y ni siquiera la agradece. Esa es, también, entre nosotros, la única boda. Ese silencio' (14).

'El pecado mortal' de Silvina Ocampo

'El pecado mortal' de Silvina Ocampo propone una compleja yuxtaposición de deseo e inocencia. La acción ocurre también en una mansión de la alta burguesía, en donde 'la muñeca', una niña de siete años, vive con su familia y los empleados. El cuento está narrado en una segunda persona a través de la que se relatan los juegos eróticos, intercambios de miradas y provocaciones entre el empleado de confianza de la casa, Chango, y la niña que está a punto de tomar la primera comunión. Entre insinuaciones, ambigüedades y desplazamientos semánticos, el cuento es un relato de violación.

La división entre espacio interior y exterior, o lo político y lo privado, no es tan evidente en este cuento como en la novela anterior. Hay otro tipo de división espacial en la casa, que es también una división social: el sector de arriba destinado a los niños y empleados, y el sector de abajo donde viven los demás adultos. Matilde Sánchez, en su antología de la obra de Silvina Ocampo (*Las reglas del secreto*), llama a estos mapas sociales que construye Ocampo en sus cuentos 'política de relaciones privadas, o el poder como se ejerce en los lazos personales' (13). El cuento hace una clara distinción entre estos dos espacios en términos sociales: 'el último piso estaba destinado a la pureza y a la esclavitud: a la infancia y a la servidumbre. (A ti te parecía que la esclavitud existía también en los otros pisos y la pureza en ninguno) (214). Pero también establece sutiles contigüidades entre ellos. Las 'impurezas' bajan desde el sector superior: desde el cuarto de juguetes o de estudio, junto a las letrinas de los hombres, 'se oía el ruido intestinal de las cañerías que bajaban a los innumerables dormitorios y salas de la casa' (214). En este sector de la casa ocurre la violación.

La historia está contada por una narradora que se dirige en segunda persona a la protagonista del cuento. El 'tú' en el que se narra la historia marca el vínculo entre la narradora y la protagonista al mismo tiempo que interpela al lector. La narradora no se presenta directamente pero tiene la marca de género femenino y se enuncia como directamente relacionada con la acción del cuento: 'Dios me lo perdone, pues fui en cierto modo tu cómplice y tu esclava' (213). El 'yo' de la narración es un desdoblamiento adulto de la niña. Está cerca de ella y también distante: 'Te buscaría por el mundo entero a pie como los misioneros para salvarte si tuvieras la suerte, que no tienes, de ser mi contemporánea' (213). Aunque la narradora adulta se sienta cómplice de la niña, no puede 'ayudarla'. En el hiato entre infancia y madurez no hay una forma de 'salvación'.

La acción previa a la violación se da en un juego de miradas entre la niña y Chango. La niña no comprende completamente lo que ve. Mira lo que sólo entiende parcialmente (Klingenberg 245). Este mirar la convierte en una subjetividad deseante, lo cual se confirma cuando acepta la invitación de espiar a Chango por la cerradura del baño ('el recinto vedado'). Se acerca con cierta expectativa equivocada: '¿qué mujeres degolladas descubrirías?' (214). En el 'crimen' que Chango la invita a presenciar a través de la cerradura, la víctima tiene cuerpo de mujer pero no tiene cabeza, es puro cuerpo y no se la puede identificar como individuo.

El cuento describe varias escenas en que coloca a la niña en el lugar del *voyeur*, pero su ingenuidad no le permite interpretar lo que ve: 'solo, enajenado, deslumbrado, en distintos lugares de la casa, de pie, arrimándose incesantemente a la punta de cualquier mesa' (215). La niña mira pero también es mirada: 'Tú lo espiabas, pero él también terminó por espiarte: lo descubriste el día en que desapareció de tu pupitre la flor de plumerito, que adornó más tarde el ojal de su chaqueta de lustrina' (215).

Entre estas miradas que van y vienen, el relato de la violación se presenta en forma críptica, que deja espacios para que el lector interprete:

> Baños consecutivos de rubor cubrieron tu rostro, como esos baños de oro que cubren las joyas falsas. Recordaste a Chango hurgando en la ropa blanca de los roperos de tu madre, cuando reemplazaba en sus tareas a las mujeres de la casa. Las venas de sus manos se hincharon, como de tinta azul. En la punta de los dedos viste que tenía moretones. Involuntariamente recorriste con la mirada los detalles de su chaqueta de lustrina, tan áspera sobre tus rodillas. Desde entonces vería para siempre las tragedias de tu vida adornadas con detalles minuciosos. No te defendiste. Añorabas la pulcra flor del plumerito, tu morbosidad incomprendida, pero sentías que aquella arcana representación impuesta por circunstancias imprevisibles, tenía que alcanzar su meta: la imposible violación de tu soledad. (217)

La narradora explica en las primeras líneas del cuento que no menciona el 'nombre técnico' de lo que pasó: 'conociste en aquel tiempo el placer –diré– del amor, por no mencionarlo con su nombre técnico; tampoco tú podrías darle un nombre técnico, pues ni siquiera sabías dónde colocarlo en la lista de pecados que tan aplicadamente estudiabas' (213).

La niña tampoco puede nombrarlo. Si el lenguaje no puede nombrar, la acción se pone en duda. La acción del cuento ocurre cuando la niña está a punto de ser iniciada en el ritual religioso de la primera comunión. El catecismo, la voz de la autoridad que enmarca el cuento, tampoco tiene una palabra para definir lo que ocurrió. Ignorante de la palabra 'violación', la narración cuenta los eventos en términos de otro registro: 'el placer –diré– del amor, por no mencionarlo con su nombre técnico' (213), o el 'goce inexplicable' (213). Tanto la protagonista como la narradora entienden que la experiencia ocurrida es negativa y al traducir esta idea al lenguaje al que tienen alcance, el de la religión, la llaman 'El pecado' y asumen así la responsabilidad del delito.

La iconografía religiosa que da un marco a la historia refuerza el desplazamiento de significados (Klingenberg 244). El conocimiento aprendido en las clases de catecismo sobre lo pecaminoso hace que la protagonista se inscriba a sí misma como pecadora. De manera inversa, la iconografía religiosa pone en escena elementos religiosos, de pureza, como 'el rosario de perlitas', 'el libro de misa de tapas blancas (un cáliz estampado en el centro de la primera página y listas de pecados en otra)' que según la narradora deben leerse en clave erótica: 'Los símbolos de la pureza y del misticismo son a veces más afrodisíacos que las fotografías o que los cuentos pornográficos' (213).

El alcance de la experiencia en este cuento se mide según los límites que impone el lenguaje. No hay experiencias interpretables más allá del lenguaje conocido. El nombre propio de la protagonista queda también atrapado en esta limitación. La protagonista no tiene nombre. La conocemos sólo por el nombre 'muñeca' que le da Chango. El lenguaje le da forma a la experiencia. Hacia el final del cuento aparece el 'nombre técnico' que se niega al principio, pero desplazado. Se habla de 'la imposible violación de tu soledad' (217), refiriéndose no a un acto de violencia sexual sino a la falta de compañía. La dificultad de nombrar marca el fracaso del lenguaje de narrar la experiencia de la violación. Si lo que no se nombra no existe, entonces se pone en duda que haya habido delito. Los personajes de esta ficción nunca consideran a la violación como 'la verdad'. La descripción de los hechos, contada desde la perspectiva infantil, resulta tan ambigua que no hay certeza de lo que ocurrió. Contar la historia de otra forma, sin nombrar los hechos, confunde:

> Cuando alguna amiga llegaba para jugar contigo, le relatabas primero, le demostrabas después, la secreta relación que existía entre la flor del plumerito, el libro de misa y tu goce inexplicable. Ninguna amiga lo comprendía, ni intentaba participar en él, pero todas fingían lo contrario, para contentarte, y sembraban en tu corazón esa pánica soledad (mayor que tú) de saberte engañada por el prójimo. (213)

El cuento no ofrece una comprensión racional de los hechos. No hay referencia a la violencia, la violación permanece silenciada, el deseo femenino, culpabilizado, y el orden de la casa, inmutable, por lo menos en apariencia.

'El hombre del túnel' de Armonía Somers

Iris Marion Young describe el comportamiento del cuerpo femenino como una consecuencia directa del miedo: miedo a los deseos del cuerpo y miedo a ser dañado. Por este motivo el sujeto, según Young, construye zonas de seguridad alrededor del cuerpo. Este análisis hace énfasis en la forma en que la mujer responsabiliza a su cuerpo de todos estos peligros posibles. La propuesta de Young no es una propuesta esencialista sobre la debilidad del cuerpo femenino sino más bien constructivista: el cuerpo crea su propia vulnerabilidad. Corre peligro si se mueve fuera de sus zonas de seguridad. De modo que esta construcción coloca los peligros posibles en el cuerpo mismo y no fuera de él. Los intentos de Ana, la protagonista de *La casa del ángel*, por evitar su crecimiento pueden interpretarse como una forma de anular los peligros del cuerpo y de crear zonas de seguridad.

Mientras que el análisis de Young propone definir y confinar aspectos del cuerpo femenino en el contexto del patriarcado, teorías como la que Elizabeth Grosz desarrolla en *Volatile Bodies* hacen énfasis en el grado en que el cuerpo femenino siempre excede y debilita las tendencias universalistas del falogocentrismo. Grosz sostiene que el cuerpo, construido en contexto de un régimen discursivo, no está plenamente determinado por él y siempre contiene la posibilidad de resistencia a ese discurso.

Más acorde con esta línea de pensamiento, el cuento 'El hombre del túnel' de Armonía Somers desafía el relato dominante de la violación que construye a la mujer como desvalida y la reescribe, en particular a su cuerpo, como agente de agresión y rabia. El discurso religioso vuelve a aparecer en este cuento pero esta vez desplazado hacia el margen: en el epígrafe 'Cuento para confesar y morir'. En el resto del cuento la religión ya no se presenta como una explicación sino como una ausencia: 'Dios, yo nunca te tuve … ni siquiera como la cancelación provisoria del miedo' (128).

De la misma manera que en los relatos anteriores, la ambigüedad y el silencio marcan la narración de la violación. La protagonista tiene 7 años al principio del cuento. En su juego infantil decide atravesar un caño por el sólo hecho de hacerlo, como expresión de su deseo: 'para y por nada' (127). A medida que avanza por el caño, se siente atraída por la imagen de un hombre del otro lado. A la salida, tiene un confuso encuentro con este hombre desconocido, se asusta y se aleja corriendo. Los demás –una tercera persona del plural nunca especificada– creen que durante ese encuentro se produjo una violación pero ella lo niega. El tiempo pasa y ella siente una gran atracción por el hombre, que se le aparece siete veces en su vida pero nunca logra acercarse a él. En la última aparición ella, ya adulta, se esfuerza por alcanzarlo y al cruzar la calle, la atropella un auto. El hombre del caño es testigo de su muerte.

La narradora, escándalo lógico del que nos enteramos al final del cuento, es la protagonista muerta, que empieza la historia contando su primer encuentro con el hombre. Mientras está atravesando el caño siente miedo. La imagen que

ve del otro lado del tubo, los pies de un hombre, la tranquilizan. Cuando sale
del caño su encuentro con el hombre es placentero. Ella parece 'un gusano',
él en cambio tiene 'una sonrisa de miel que desborda' (128). El difícil pasaje
a través del tubo, desvío de la ruta normal, sin ningún objetivo en particular,
para encontrar del otro lado a un 'hombre dulce', podría leerse como una
formulación del relato edípico: el sujeto debe pasar una serie de obstáculos
para llegar al objeto de deseo.

La narradora cuenta la experiencia de su encuentro con el hombre como
placentera hasta que le entra sospecha, como parte de un lenguaje que no le
es propio. Se separa de su objeto de deseo y se inserta en el discurso social:

> Pero de pronto ocurre que uno es el hijo de la gran precaución. Hombre raro.
> Policía arrestando vagos. Nunca. Cuidado. Eran unas lacónicas expresiones
> de diccionario básico, pero que se las traían, como pequeños clavos con la
> punta hundida en la masa cerebral y las cabezas afuera haciendo de antenas
> en todas las direcciones del riesgo. Malbaraté, pues, el homenaje en cierne
> y salí a todo correr cuanto me permitió el temblequeo de piernas. (129)

Con la mediación del discurso social, el encuentro con el hombre se transforma
en un encuentro traumático con la sexualidad y los protagonistas del encuentro
quedan transformados en víctima y victimario:

> El relato, balbuceado en medio de la fiebre en que caí estúpidamente, se
> repitió en demasía. Y así, sin que nadie se diera cuenta de lo que se estaba
> haciendo, me enseñaron que había en este mundo una cosa llamada violación.
> Algo terrorífico, según se lograba colegir viendo el asco pegado a las caras
> como las moscas en la basura. (129)

Pero su versión de los hechos es diferente. Su experiencia le da otro atributo
a la violación, fuera del alcance de la victimización, con una marca de incon-
gruencia: 'Violación, hombre dulce'. La palabra 'violación' en este cuento, no
es lo que falta como en *La casa del ángel* ni se desvía como en 'El pecado
mortal' sino que sobra, es un excedente y una imposición de un discurso social
sobre el discurso del deseo.

La falta de concordancia entre el discurso social, que adquiere en el cuento
la forma de una tercera persona indefinida, y el discurso del deseo, bajo la
versión de los hechos de la narradora, impone el silencio: 'Mi descripción no
coincidía nunca con harapos, piojo, pelo largo, dientes amarillos. Hasta que un
día decidí no hablar más' (129). El silencio señala la imposibilidad de la mujer
de acceder al reino simbólico del lenguaje sin al mismo tiempo anularse a sí
misma o arriesgarse a malentendidos o promover la representación patriarcal
que preexiste a su habla. En la introducción de este libro comenté el trabajo
de Teresa de Lauretis sobre el relato edípico. Para de Lauretis la posición que
asume lo femenino es siempre la de objeto en relación a un sujeto masculino
deseante. De modo que la posición del deseo femenino en el discurso resulta
casi un imposible. 'El hombre del túnel' estaría poniendo en escena los

mecanismos sociales que coartan la construcción del sujeto femenino como deseante.

Con el tiempo, el hombre hace más apariciones. Ya adulta, la narradora intenta acercársele pero él siempre desaparece. Es su objeto de deseo inalcanzable y sin embargo, todo lo que dice en relación al hombre es malinterpretado: los demás no lo ven o lo creen sospechoso.

En una de las últimas apariciones del hombre, el cuerpo de la protagonista reacciona con agresión: empuja a la mujer que se interpone en el camino para llegar hasta él y la mata. El silencio del lenguaje se transforma en un hablar del cuerpo y se transfiere a los objetos. La última vez que ve al hombre, todo a su alrededor se sexualiza:

> mientras la puerta del ascensor se abría de por sí como un sexo acostumbrado, el pasamanos grasiento de la escalera se me volvió a insinuar con la sugestión de un fauno tras los árboles. ... Y yo hacia atrás de la memoria, cabalgando en los pasamanos tal como alguien debió inventarlos para los incipientes orgasmos. (133)

Después de esta escena orgásmica, en que la protagonista se afirma –incluso grita 'sí'– y se libera (133), sale a abrazar al hombre. Cuando está por cruzar la calle para finalmente alcanzarlo, la atropella un auto. Su lengua rueda y la protagonista muerta entra en el vacío.

A lo largo del texto es imposible determinar si la violación ocurrió o no. La protagonista entiende la violación como el relato de los demás y se niega a ser victimizada. El texto juega con la idea de la violencia sólo como una forma discursiva cuyo referente es imposible de verificar.

El orden de lo político

En *La casa del ángel* de Beatriz Guido y 'El pecado mortal' de Silvina Ocampo, la literatura es el resultado de la ficcionalización del espacio de femenino por excelencia. Las subjetividades femeninas, fuertemente marcadas por normas regulativas de clase y religión, se constituyen en el marco de una estructura familiar. Sin embargo, estos textos cuestionan la visión de que la clase y la casa son refugios femeninos despolitizados. Con la violencia la política ingresa a las casas. En *La casa del ángel* la violación viene de la mano del duelo político, justo el día posterior a que una manifestación anarquista apedrea y daña al símbolo de la casa, la estatua del ángel. En 'El pecado mortal' es el empleado de la alta burguesía que vive en la misma casa que la víctima el que trae la violencia. La referencia política no es aquí tan evidente. Sin embargo la violación refleja el conflicto de clases que fue la manera en que el primer peronismo (1943–55) planteó la política nacional. Por eso afirmo que en estos textos, el conflicto doméstico está ligado al conflicto político. La política amenaza el espacio femenino desde afuera de la casa o desde los cuartos de la servidumbre, casi un afuera de la casa, y desestabiliza a las clases privilegiadas. La fuerte división entre la esfera de lo privado y la de lo político que impone el ordenamiento social y de género de estos textos entra en tensión y se desequilibra. La acción de estos relatos se inicia en la casa, en el marco de las relaciones familiares. En el espacio de la literatura las protagonistas de estos relatos logran liberarse del mandato social de procreación y se ven envueltas en sexualidades no reproductivas. De esta manera, aunque a partir de un hecho violento, desestabilizan el modelo hegemónico.

Hablar sobre un tipo de agresión especialmente ejercida contra las mujeres, conlleva el riesgo de atribuirles el lugar de la víctima como única posibilidad de enunciación. En los tres textos analizados en este capítulo las protagonistas se resisten a inscribirse como víctimas de la violencia. Si la violación convierte al cuerpo agredido en un texto en el que se inscribe el delito, las dos narraciones que aquí analizo en las que se describe la violación se resisten a esta inscripción borrando el cuerpo. En *La casa del ángel* se cuenta la violación sin aludir al cuerpo o al dolor físico. El texto hace referencia a la resistencia: 'Me defendí desesperadamente, sabiendo de antemano mi derrota' (172). Y menciona colchas que envuelven, partes de muebles, alfombras, retratos que caen. El único grito de dolor que la protagonista logra emitir también se desprende, se separa, del cuerpo: es un grito 'de odio y de soberbia' (173). En 'El pecado mortal' la descripción de la violación pone a los dos personajes en pie de igualdad, como 'criminales paralelos ... unidos por objetos distintos, pero solicitados para idénticos fines' (217–18). Las únicas referencias corporales en esta escena son el rubor de la niña, las manos de Chango con las venas hinchadas y el recuerdo de esas manos pasándose no por el cuerpo de la víctima sino desplazadas a 'la ropa blanca de los roperos de tu madre' (217).

Estos relatos alejan la enunciación del lugar de la víctima y la desplazan hacia otra zona. *La casa del ángel* prefiere ubicar a su protagonista en un limbo, un espacio habitado por fantasmas, pero todavía un lugar de privilegio. 'El pecado mortal' elige escandalizar al lector y poner en primer plano el deseo infantil –todavía hoy difícil de aceptar socialmente pese a que esté identificado desde las épocas de Freud– aunque lo codifique en términos religiosos como culpa. Y con un final no menos trágico, 'El hombre del túnel' de Armonía Somers podría leerse como un alegato en contra de la victimización. La narradora reacciona contra las normas que inscriben a los cuerpos como dóciles. Abandona el entorno familiar y se lanza a la calle para constituirse como hipersexualizada y expresar su deseo. El proyecto fracasa y también termina con el silencio de la muerte, reforzado en la imagen final de la lengua cortada. Pero esta muerte es una muerte liberada, una entrada en un vacío, en el que tampoco habita ni logra imponerse ni el discurso de la religión ni el de los otros, una nada igualitaria.

II

La experiencia incomunicable: ficción, pornografía y tortura durante la dictadura

> You have seen how difficult it is to decipher the script with one's eyes; but our man deciphers it with his wounds ... There will be no point telling him. He'll learn it on his body.
>
> Franz Kafka, 'In the Penal Colony'

En este capítulo analizo tres textos escritos por autores argentinos en el exilio, publicados entre 1980 y 1982: 'Recortes de prensa' de Julio Cortázar, *Conversación al sur* de Marta Traba y 'Cambio de armas' de Luisa Valenzuela. Los tres son relatos ficcionales que hablan de la tortura y que circularon al mismo tiempo en que el regimen militar argentino torturaba a prisioneros en los centros de detención clandestinos. Mi pregunta central gira en torno a cómo se articula la violencia y el lenguaje en estas narraciones, cómo se da el contacto entre experiencia y discurso. Como primer paso para analizar esta cuestión me propongo revisar, a través de una mirada por la teoría del trauma, cómo se da esa articulación en el género testimonial. En segundo lugar me detendré en el análisis de la especificidad genérica de la experiencia de la tortura y cómo el efecto de la violencia sobre el cuerpo provoca un replanteo de las concepciones tradicionales de género. En el paso siguiente me propongo enlazar las dos cuestiones anteriores –¿cómo hablar de la violencia? y ¿qué tiene de específico la violencia contra el cuerpo femenino?– mediante otra pregunta:¿cómo hablar de un cuerpo femenino sometido a la violencia? Esta última pregunta me lleva a explorar la relación entre una literatura que intenta dar cuenta de la tortura y el género pornográfico.

David Morris concluye su estudio *The Culture of Pain* con una apuesta a la escritura sobre el dolor. Sostiene que el carácter inarticulable del dolor hace que quienes tratan de describir algo tan resistente al lenguaje inevitablemente dan forma a una falacia de la experiencia que describen. No hay un registro del dolor puro o inocente que no esté 'contaminado' por la escritura, incluyendo la escritura científica. 'Yet writers also offer a unique resource because they use language in ways that, paradoxically, acknowledge (without necessarily falsifying) the silences and inarticulate struggles we most often completely overlook' (197). La escritura sobre el dolor estaría entonces transmitiendo un tipo de conocimiento de otra forma inaccesible. La teoría del posmodernismo ha señalado insistentemente la pérdida del referente que hace que todo discurso se refiera a otro discurso y no a lo real. Las narraciones sobre tortura le dan un giro a esta cuestión. ¿Podría postularse a partir de ellas un retorno de lo real? Elaine Scarry sostiene que el dolor es una experiencia incompartible que puede expresarse a través de sonidos guturales, pertenecientes a un estadio anterior al lenguaje, pero que es casi imposible de verbalizar. 'To have pain is to have certainty; to hear about pain is to have doubt' (13), afirma Scarry. Si la expresión del dolor adquiere la forma de la 'duda', es posible pensar a la literatura, el ámbito en que el relato del dolor intenta construirse, como el lugar de la imprecisión, es decir, el lugar donde la experiencia no es corroborable. La afirmación de Scarry parece ser una reformulación de la idea de la pérdida del referente y la inaccesibilidad de la experiencia que proponen los teóricos del posmodernismo. Sólo que desde la perspectiva de Scarry, aunque ella no lo plantee en estos términos, el sujeto que sufre dolor parece poder constatarlo: se trata de una certeza. Para Hal Foster en 'The Return of the Shock and Trauma', ésta sería una característica del arte contemporáneo: el trauma se transforma en una cuestión de literalización, un despliegue de la herida. Es como si nada fuera real a menos que se registre –física y fenomenológica-mente– en el dolor. El despliegue del cuerpo y de su sufrimiento constituye una nueva versión de autenticidad. Y es a partir de esta constatación que los relatos de este capítulo se constituyen y pueden narrar la violencia.

Dictadura, represión y memoria

En la década del 70 los militares tomaron el poder en Chile, Argentina y Uruguay. No existían precedentes históricos en el Cono Sur de regímenes de terror que amenazaran y transformaran la vida política, social y cultural en un grado tan profundo como bajo estas dictaduras. Aunque Argentina tenía experiencia previa de gobiernos autoritarios, Chile y Uruguay habían mantenido gobiernos constitucionales durante casi todo el siglo XX.[1] En los tres países los regímenes militares relacionaron el bienestar de la nación con la justificación de una represión también sin antecedentes por su crueldad y extensión. Las técnicas de secuestro y tortura constituyeron una de las manifestaciones más extremas de esta represión, y uno de los instrumentos más eficaces del terrorismo de estado. La tortura se instauró en las dictaduras militares del Cono Sur como el acto supremo del poder del Estado. Al arrogarse la capacidad de torturar a sus ciudadanos el Estado asumió un poder absoluto sobre ellos. La aplicación sistemática del terror como instrumento político del Estado para

---

[1] En Uruguay tuvo lugar una breve interrupción de las instituciones constitucionales cuando, en marzo de 1933, el presidente de la República, Gabriel Terra, dio un auto golpe y disolvió el Poder Legislativo y la parte colegiada del Poder Ejecutivo, el Consejo Nacional de Administración. La particularidad de este golpe es que fue protagonizado por un presidente civil y dado con la aprobación del ejército pero sin su intervención directa. Terra contó con el apoyo de parte de los partidos políticos tradicionales y además, procuró la legitimación inmediata de las urnas convocando a elecciones ya en 1933.

someter al conjunto de la sociedad tuvo efectos que alcanzaron el conjunto de la población y se mantuvieron activos más allá de la recuperación de la democracia.

El corpus de textos que intenta dar cuenta de la experiencia de la tortura viene escribiéndose desde los primeros años de los gobiernos militares (e incluso antes en obras como *El campo* (1968) de Griselda Gambaro o en sus comienzos como en *La última conquista del ángel* (1976) de Elvira Orphée) hasta la actualidad en forma de denuncias ante organismos de derechos humanos internacionales y locales, juzgados locales e internacionales, relatos testimoniales, películas documentales, monumentos, ficción, ensayo, teatro y poesía. Antes de la muy reciente reapertura de causas contra militares que participaron en tareas de represión en Argentina y Chile (y quizás pronto también en Uruguay), la proliferación de este tipo de literatura reflejaba la necesidad no ya de establecer una verdad que toda la sociedad conoce sino un reconocimiento que en ninguno de los tres países del Cono Sur, con sus respectivos indultos y amnistías, se logró establecer en el ámbito institucional. Por lo menos en Argentina, esta coyuntura hizo que después de un largo silencio el tema de los desaparecidos, la violencia de Estado y la guerrilla fuera nuevamente materia publicable, como lo fue inmediatamente después de la caída del régimen militar.[2] Las políticas oficiales de la memoria y del olvido se desarrollaron en el Cono Sur según el equilibrio entre las fuerzas armadas y el gobierno de la democratización. Los sectores más afectados por la represión insisten, con un impacto variado, en el mantenimiento de la cuestión de la violación de los derechos humanos en el centro de la agenda pública. Pero la memoria, una

---

[2] En Argentina, Hilda Sábato llamó al período que va de 1983 a 1985 'un tiempo de profunda y acelerada recomposición de la memoria. Se vio lo que hasta entonces se prefería ignorar y la sociedad pareció despertar para descubrir el horror en que había vivido inmersa casi sin darse cuenta.' Después de un largo período de silenciamiento de la memoria, sólo en Argentina, entre 1997 y 1998 se publicaron libros testimoniales como *Ni el flaco perdón: HIJOS*, editado por Juan Gelman, y *Mujeres guerrilleras* de Marta Diana, el 'ensayo fotográfico' *Buena Memoria* de Marcelo Brodsky con textos de M. Caparrós, J. P. Feinmann y J. Gelman, *La otra campana del Nunca Más* del torturador Miguel Etchcolatz, y otras colecciones de ensayos como *Memoria colectiva y políticas del olvido* editado por Adriana Bergero y Fernando Reati, las novelas *El fin de la historia* de Liliana Hecker, *El terrorista* de Daniel Guebel y *El despertar del joven que se perdió la revolución* de Alejandro Rozitchner. La lista de publicaciones se vuelve mucho más extensa a partir de la movilización que ocasionó que en el 2003, a instancias del presidente argentino Néstor Kirchner, el Congreso consideró nulas las leyes de impunidad (ley de punto final y ley de obediencia debida) que en 1987 habían limitado la punibilidad de los desmanes de la dictadura a los nueve miembros de las juntas de gobierno. La derogación de estas leyes tiene como directa consecuencia la apertura de una serie nueva de causas, que se suman a los juicios de la verdad y a otras causas originadas anteriormente por las declaraciones espontáneas de torturadores y por secuestro de menores, delito no incluido en las leyes de impunidad ni en la amnistía. Los juicios mantienen el interés de la opinión pública en la investigación y las lecturas del pasado reciente. Sobre la eclosión y las disputas de la memoria ocurrida a partir de 1996, véanse, entre otros, Gabriela Cerruti, 'La historia de la memoria. Entre la fetichización y el duelo', y Federico Lorenz, '¿De quién es el 24 de marzo? Las luchas por la memoria del golpe de 1976'.

manera de asignar sentido al pasado desde el presente, no es unívoca y abre espacios de disputa. 'Hay una lucha política activa acerca del sentido de lo ocurrido, pero también acerca del sentido de la memoria misma. El espacio de la memoria es entonces un espacio de lucha política, y no pocas veces esta lucha es concebida en términos de lucha "contra el olvido": *recordar para no repetir* ... La "memoria contra el olvido" ... esconde lo que en realidad es una oposición entre distintas memorias rivales (cada una con sus propios olvidos)' (Jelin *Los trabajos* 6).[3]

A partir de 1995, con el rompimiento del silencio que inició un 'arrepentido' capitán de navío, Adolfo Scilingo, se reflotó el debate a nivel público del problema de la violación de los derechos humanos.[4] Después de este episodio los medios de comunicación prestaron espacio a las declaraciones de los violadores de los derechos humanos, la mayoría menos arrepentida que Scilingo, dando lugar a la absurda paradoja de que se iniciaran juicios a los torturadores no por sus actos de violencia, amnistiados, sino por sus palabras, que casi inexorablemente caían bajo la clasificación jurídica de 'apología del delito'.[5] Estas declaraciones insistían en las remanidas argumentaciones que datan de la época de las dictaduras y que identifican las atrocidades cometidas con 'patriadas' o el seguimiento de 'preceptos divinos'. Aunque tanto en Chile (recién en el 2004) como en Argentina los jefes máximos de la institución militar hayan reconocido públicamente su accionar al margen de la ley, los militares siguen percibiéndose a sí mismos como salvadores de la nación. La falta de sanción jurídica a quienes participaron de la cruel represión durante las dictaduras produjo la legalización de la impunidad. Sin embargo, los movimientos de derechos humanos, a medida que fueron creando espacios

---

[3] El programa 'Memoria colectiva y represión: perspectivas comparativas sobre los procesos de democratización en el cono sur de América Latina y el Perú' del Social Science Research Council, bajo la dirección de Elizabeth Jelin y de Carlos Ivan Degregori, hace hincapié en la pluralidad de memorias. Su propuesta es pensar en procesos complejos de construcción de memoria, antes que en una memoria unívoca. La memoria posee la propiedad de la pluralidad y por ello para hablar de la memoria se refieren a 'trabajos de la memoria, de memorias en conflicto, de lugares de memoria'. Véase la serie 'Memorias de la represión' dirigidos por Elizabeth Jelin y publicados por la editorial Siglo XXI.

[4] Scilingo participó en los operativos en los que se drogaba a los secuestrados para arrojarlos al río o al mar desde aviones. Esta metodología resultó de suma 'eficacia' para implementar la desaparición de cadáveres. Sólo unos pocos cuerpos reaparecieron en las costas argentinas y uruguayas y fueron registrados por las autoridades locales como NN (cuerpos no identificados). Recientemente el equipo argentino de antropología forense localizó, exhumó e identificó a algunos de los restos 'reaparecidos'. Se reconfirmó así que Azucena Villaflor, una de las fundadoras de Madres de Plaza de Mayo, fue víctima de esta metodología. Horacio Verbitsky recopiló las declaraciones de Scilingo en el best-seller *El vuelo*. En años recientes las imágenes del río se han convertido en un ícono que alude al pasado reciente. Son casi infaltables en las películas que hablan de la época de las desapariciones. Además, la presencia del río fue definitoria en la elección de la zona de Buenos Aires en la que se está construyendo el *Parque de la memoria*.

[5] Tal es el caso del reportaje al ex capitán de navío Astiz que publicó Gabriela Cerruti en la revista *Tres puntos* (enero de 1998) que le costó al entrevistado un nuevo juicio y condena.

alternativos de sanción social demostraron que la sanción jurídica no es la única posible. La cuestión de los derechos humanos trasciende los poderes públicos y concierne a la sociedad civil y a la comunidad internacional. Los nuevos modos de reclamo y condena que se fueron creando instauran sanciones de un orden distinto al jurídico. En este sentido podrían entenderse las rondas de las Madres de Plaza de Mayo todos los jueves en reclamo de la 'aparición' de sus hijos y los 'escraches' de HIJOS (Hijos por la Identidad y la Justicia, contra el Olvido y el Silencio), *performances* en los que se denuncia y marca públicamente mediante una manifestación y pintadas los lugares donde funcionaron centros clandestinos de detención o residen acusados de torturas y crímenes aberrantes que continúan en libertad.[6] La literatura también podría considerarse como uno de estos espacios de sanción.

¿Cómo hablar de la violencia? El problema de la representación

Un hecho puede ser considerado como violento según quién cuente la historia y qué historia cuente como 'verdad'. La palabra 'violencia' representa el significante fluctuante de todo proceso social antagónico (Leenhardt 2). Como depende del punto de vista de quien la denuncie o nombre, la violencia no se muestra susceptible de una definición conceptual. Si el discurso sobre la violencia resulta ser ubicuo, si puede cambiar de signo según la perspectiva del que narra, la pregunta sobre cómo representar la violencia es crucial. Y este interrogante aún resulta vigente con relación a una experiencia como la del Holocausto que, pese a algunas versiones revisionistas que todavía la niegan, goza de amplio reconocimiento institucional a nivel internacional.[7] Dos noticias aparecidas en el *New York Times* me ayudarán a ilustrar esta problemática.

Durante una visita de Elie Wiesel, escritor, filósofo y sobreviviente del Holocausto, a una escuela pública elemental en Manhattan, un estudiante propuso comparar la experiencia de la esclavitud en Estados Unidos con la del Holocausto. Una de las maestras concluyó que la experiencia del Holocausto fue peor porque demostró que no se aprendió nada de los tiempos de la

---

[6] La metodología del 'escrache' consiste en señalar el lugar, anunciarlo en los medios y realizar manifestaciones artísticas como obras de teatro, murgas y exhibiciones de pintura. En 'You Are Here: H.I.J.O.S. The DNA of Performance', Diana Taylor describe en detalle, analiza y fotografía el fenómeno del escrache.

[7] La experiencia del Holocausto, aunque no es el único ejemplo de persecución y genocidio, ha sido universalizada y funciona como una metáfora en algunos casos, o como discurso hegemónico sobre el sufrimiento en otros. Estudiosos del tema como Young, Katz, Wisse, Hussey advierten sobre los peligros de esta universalización. Véase, por ejemplo, 'A Debate About Teaching the Holocaust', *New York Times*, Arts and Ideas, agosto 8 1998. Aunque no considero que las experiencias del Holocausto y las de las dictaduras del Cono Sur en la década del 70 sean comparables más allá de lo que ambas tienen de inconmensurable, para hablar sobre experiencias extremas de sufrimiento el genocidio judío resulta una cita casi ineludible.

esclavitud. El *New York Times* comenta que Wiesel llegó a una conclusión similar:

> 'I am always dissatisfied,' he told the students, when asked whether he had achieved all that he had hoped to in his life. 'I have the strange feeling that I have not really begun and that I'm [*sic*] not doing enough, because if my peers and I *had really told the story as it should have been told,* many things would be different in the world today'. (Sachs; *énfasis mío*)

En otro artículo del *New York Times* se menciona el abandono del artista Richard Serra del proyecto de un monumento recordatorio del Holocausto en Berlín y las reacciones de distintos sectores, entre ellos Günter Grass y un grupo de intelectuales alemanes. 'Opponents of a memorial argued *that no artistic monument could represent the full horror of the Holocaust,* and that it would be an "abstract installation of oppressively gigantic proportions" that would be "neither a witness to the past nor a sign to the future"'. A ésto se agrega la opinión del alcalde de la ciudad: '[no] monument could "deal with this horror artistically"' (Andrews; *énfasis mío*).[8]

La resistencia a un monumento que conmemore a las víctimas del Holocausto en el mismo territorio alemán no debe entenderse como el reflejo de la dificultad que podrían tener los alemanes en recordar la Segunda Guerra Mundial sino que responde a circunstancias aún más complejas. La memoria de un hecho puede cobrar diferente signo político según la forma en que se la presente. En Argentina, no sólo quienes apoyan al regimen militar ponen objeciones a la construcción de monumentos que conmemoren a las víctimas de la represión. Una de las organizaciones líderes en la lucha por los derechos humanos, la línea de Madres de Plaza de Mayo liderada por Hebe de Bonafini, se pronuncia a favor de una memoria viviente y rechaza de plano los memoriales en honor de los desaparecidos.[9]

Como en Berlín, las discusiones en torno a los memoriales también son acaloradas en el Cono Sur. En febrero de 1999 Charly García, uno de los exponentes máximos del rock argentino, anunció que durante su concierto de homenaje a los desaparecidos se arrojarían muñecos al río desde helicópteros, en alusión a los 'vuelos de la muerte' en los que los militares se deshicieron de gran cantidad de 'desaparecidos' durante la última dictadura. De inmediato Hebe de Bonafini, presidenta de una de las organizaciones de Madres de Plaza de Mayo, declaró que ésa no era una forma adecuada de homenaje. Los diarios locales se hicieron eco de esta polémica y publicaron opiniones divergentes de

---

[8] El monumento se inauguró en Berlín en mayo de 2005. Peter Eisenman y Richard Serra fueron los autores del proyecto. Ante los insistentes pedidos de reformas por parte del gobierno y de organizaciones civiles, Serra decidió retirarse del proyecto. Eisenman continuó con el proyecto e introdujo los cambios.

[9] Este rechazo me resultó más comprensible con la lectura del ejemplo que Pamela Ballinger toma del testimonio de Sachiko Habu, sobreviviente de Hiroshima que tenía 5 años cuando cayó la bomba: 'But no matter how much I try I can't remember how Mother looked. All I can see is the Memorial Panel standing quietly there ...'.

varios artistas y políticos.[10] Más recientemente, la mayor visibilidad y el literal resurgimiento de lugares claves en donde ocurrió la más cruel represión[11] han instalado en la sociedad la discusión en torno a cómo recordar y qué forma debe adquirir ese recordatorio. En Buenos Aires, la cesión a los organismos de derechos humanos para la construcción de un museo del edificio y los terrenos en donde funcionaba hasta hace poco la Escuela Mecánica de la Armada (ESMA), uno de los centros de detención y tortura más emblemáticos de la dictadura, ha iniciado un acalorado y largo debate en torno al 'museo que queremos'.

Los dos ejemplos que extraje del *New York Times* les atribuyen a los sobrevivientes del Holocausto una misión moral: dar testimonio del pasado como advertencia para el futuro. Este deber adquiere una dimensión estética: exige una forma adecuada. Pero ¿existe esa forma? Estos ejemplos muestran que ni el género testimonial ni una instalación artística concursada y planeada al detalle cumplen los requisitos. El proyecto de representación se vincula a la pérdida. Los dos artículos arriba citados proponen la necesidad de producir un discurso que siga cierto código estético, o más bien anti-estético si seguimos la crítica más radical del segundo ejemplo ('no monument could deal with this horror artistically'), al mismo tiempo que plantean la imposibilidad de lograr un relato 'satisfactorio' de los hechos, a través del lenguaje u otro medio expresivo.[12] La crítica a la representación adquiere aquí el tono de una evaluación moral. Si lo que se puede decir no sirve para decir lo que fue y tampoco una expresión artística resulta eficaz, ¿de qué forma se puede contar una historia tan traumática como la del Holocausto o la de los secuestros y torturas durante las dictaduras militares en el Cono Sur, sin que pierda el impacto del hecho que la originó?

La teoría del trauma nos permite analizar la relación entre experiencia y discurso. Según neurocientíficos como Bessel van der Kolk, la memoria traumática adquiere la forma de imágenes congeladas, fijas, que parecen imposibles de integrarse a la conciencia, el conocimiento o la memoria. La terapia de los sobrevivientes pretende integrar el hecho traumático en una serie de memorias asociativas, a partir de las cuales se puede construir un relato, precisamente como una forma de permitir olvidar el hecho (Caruth *Trauma* vii, 152 y siguientes). En una de las primeras investigaciones que data del siglo pasado sobre cómo la mente procesa la memoria, Pierre Janet (citado por Caruth *Trauma* 153 y otras, y Van der Kolk *Trauma* 158–82) propone la existencia de

---

[10] Véase *Página 12 online* 25 febr 1999 (http://www.pagina12.com.ar/1999/99–02/99–02–17/pag21.htm).

[11] Me refiero en particular a las excavaciones y tareas de reconstrucción que se han iniciado en algunos edificios donde funcionaron centros clandestinos de detención, como por ejemplo El Club Atlético, La Mansión Seré, el Olimpo, que fueron posteriormente destruidos.

[12] Theodor Adorno ya había planteado esta des-estetización e insatisfacción en su célebre pronunciamiento sobre la imposibilidad de escribir poesía después de Auschwitz, del cual después se retracta: 'perennial suffering has as much right to expression as a tortured man has to scream; hence, it may have been wrong to say that after Auschwitz you could no longer write poems' (362).

una 'memoria narrativa' que permite la transformación del trauma en un tipo de comunicación en la que se integra la historia como conocimiento del pasado pero se pierde la precisión y la fuerza que caracterizan el recuerdo traumático: 'the capacity to remember is also the capacity to elide or distort, and in other cases ... may mean the capacity simply to forget' (Caruth *Trauma* 153). Janet (citado por Van der Kolk 160) presenta el caso de una paciente que aunque conscientemente no recuerda la muerte de su madre, actúa insistentemente, sin variaciones, los movimientos con los que trató de revivirla. El recuerdo de lo ocurrido queda grabado en su cuerpo pero no a nivel consciente. Cuando finalmente su memoria logra registrar y verbalizar este episodio, sus relatos presentan variaciones y discrepancias que no existían durante la etapa anterior en la que su cuerpo representaba la acción. La puesta en discurso del trauma estaría marcando un paradójico distanciamiento de la experiencia del hecho traumático.

La falta de acceso del lenguaje a esta experiencia también aparece documentada en infinitas versiones por los comentaristas de los textos testimoniales. Elie Wiesel (una vez más) señala que quienes no hayan vivido la experiencia del Holocausto jamás sabrán lo que significa haberla vivido, y quienes la han vivido, no podrán contarla realmente (citado en Bettelheim 96). Y responde así, negativamente, a la pregunta planteada anteriormente sobre la existencia de una forma adecuada de representar. El poeta y periodista argentino Juan Gelman coincide con esta posición. Al reseñar una de las reuniones de la cátedra libre de derechos humanos de la Universidad de Buenos Aires, Gelman afirma: 'Sólo ellos [las víctimas de la tortura] saben de qué están hablando, sólo ellos conocen los matices de las respuestas que en un ser humano provoca el campo de concentración. Algunas personas sobrevivieron ... pero "ignoramos qué significa [eso]; y aunque se pueda suponer que algo saben, no disponen de la palabra que nos falta".'

El lenguaje lacónico y distanciado de los testimonios de las víctimas de tortura, como si se refirieran a una tercera persona aunque utilicen la primera o describan su experiencia propia, dan cuenta de la dificultad de comunicar la experiencia de la tortura. En *Preso sin nombre, celda sin número*, uno de los textos testimoniales que tuvo más repercusiones ya que *The New Yorker* publicó un largo fragmento y fue luego adaptado para una película de televisión con la actuación de Liv Ullmann, el periodista argentino Jacobo Timerman describe las sesiones de tortura refiriéndose a sí mismo como 'el ser humano' (32 y siguientes). Esta despersonalización le da neutralidad al yo, lo desviste del atributo de víctima y lo tiñe de cierta ejemplaridad:[13] aconseja 'a los futuros torturados' a mantenerse pasivos, vegetalizarse, desechar emociones y sensaciones (34). 'Despersonalizar' también es la técnica de supervivencia recomendada por el escritor chileno Jorge Montealegre en su *Testimonio* (25).

---

[13] Para John Beverley el testimonio latinoamericano 'aspira' a la ejemplaridad. Este crítico también presenta la estetización del testimonio como problema. Véase 'El testimonio en la encrucijada'.

Los relatos de *Nunca más. Informe de la Comisión Nacional sobre la Desaparición de Personas*, encomendado por el Gobierno de Alfonsín en Argentina, abundan en imprecisiones y comentarios como 'no puedo describir ...' (Comisión Nacional 21). El distanciamiento se incrementa aún más con las introducciones de la comisión redactora que nos guía en el recorrido por el horror de los testimonios para 'ilustrar los argumentos principales' (7), nos hacen entrar y salir en los relatos y recortan declaraciones.[14] Voz compiladora de los datos de una experiencia ajena, las introducciones organizan los testimonios con el objeto de no escribir 'la enciclopedia de horror' que admite estar escribiendo. Y como en todo proyecto enciclopédico, la información ofrecida intenta ser cuantitativa e ilustrativa. Los testimonios se nos presentan mediados, clasificados y rotulados.[15] Con un afán cuantificador que intenta construir un saber, los comentarios de las introducciones acerca del horror nos separan del horror de los testimonios. El intento de ilustración de la tortura se repite en los informes sobre desaparición y tortura en Uruguay y Chile.[16] También está presente en trabajos como el de María Eugenia Rojas sobre 'La represión política en Chile', en el que se repite la ambición clasificatoria y se agrega otra técnica de 'ilustración': un grabado en el que contornos blancos sobre un fondo oscuro describe, mediante personajes sin rostros, acéticos, los distintos métodos de tortura.

En *The Body in Pain*, Elaine Scarry también piensa la relación entre el discurso y la experiencia del dolor. Sostiene que la tortura es una experiencia incompartible, que puede expresarse a través de sonidos guturales pertenecientes a un estadio anterior al lenguaje, pero que es casi imposible de verbalizar:

> It is the intense pain that destroys a person's self and world, a destruction experienced spatially as either the contraction of the universe down to the immediate vicinity of the body or as the body swelling to fill the entire universe. Intense pain is also language-destroying: as the content of one's world disintegrates, so that which would express and project the self is robbed of its source and its subject. (35)

¿Cómo hablar, entonces, sobre una experiencia incomunicable? ¿Cómo se representa el dolor? ¿De qué manera se articula la experiencia del dolor en el discurso? El propósito de este capítulo es explorar qué respuestas encuentra la ficción a estas preguntas y cómo la destrucción del mundo y de las

---

[14] Entre otros ejemplos, véase la página 27 en la que se anuncia que se reserva una sección del testimonio para cuando se explique la técnica del 'submarino'.

[15] La validez del *Nunca más* es indiscutible. No sólo logró un indisputable primer lugar en ventas en la historia Argentina (vendió 100.000 copias en el verano de 1984, cuando fue publicado, y es el libro nacional con mayor número de reediciones) sino que fue la base de las investigaciones en los juicios contra los militares y aún hoy es el punto de partida de toda base de datos e investigación relacionadas con la historia argentina reciente.

[16] En Uruguay el Servicio de Paz y Justicia (SERPAJ) publica un informe no oficial en 1989: *Uruguay: Nunca más*; en Chile, la Comisión Nacional de Verdad y Reconciliación, conocida como Comisión Rettig, publica en 1991 su *Informe*.

subjetividades, de la que habla Scarry, tiene distintas implicancias sobre los roles sexuales. Los textos estudiados incluyen tres narrativas escritas por autores argentinos y publicadas entre 1980 y 1982 en el exilio: 'Recortes de prensa' de Julio Cortázar, *Conversación al sur* de Marta Traba y 'Cambio de armas' de Luisa Valenzuela. Los tres textos narran episodios de tortura que tienen como consecuencia la destrucción de una identidad. La anulación del sujeto y de su mundo aparece midiendo las relaciones de poder entre personajes femeninos y masculinos. Las tres narraciones comparten también, como se verá más adelante, la pregunta sobre la posibilidad de intercambiar los roles genéricos y modificar la relación víctima = mujer / victimario = hombre.

El hecho de que los tres relatos hayan sido publicados en México y Estados Unidos y que probablemente sean los primeros en tratar directamente la cuestión de la tortura en el Cono Sur, no sólo deja en evidencia la imposibilidad de poner en circulación este tipo de material en una Argentina de la censura y la represión, sino que le agrega una variable al distanciamiento, tematizado en los tres textos, que parece constante en la construcción de discursos sobre tortura. Cortázar, Traba y Valenzuela escriben la tortura desde un afuera de la geografía y de la experiencia de los hechos.

Los tres textos trabajan con los materiales que el sistema totalitario y patriarcal de la dictadura les aporta –la represión, el olvido, el terror, la censura y el exilio– y los transforman en planteos sobre cómo producir nuevos significados, cómo modificar las estructuras opresivas de las estructuras sociales y, con matices y graduaciones puesto que cada texto ofrece una forma particular de entender el género, los roles sexuales tradicionales.

Género y tortura

Las implicancias de la especificidad genérica de la experiencia de la tortura son un tema de interés reciente en los estudios feministas.[17] Eugenia Weinstein y Elizabeth Lira le dedican un breve apartado a la 'dinámica de la tortura sexual' en el que, a pesar de hacer una descripción agenérica, señalan 'hemos constatado diferencias entre hombre y mujeres frente a este tipo de agresión, las cuales son atribuibles a la diferente significación que la sexualidad tiene en nuestra cultura para uno y otro sexo' (59). Cabe señalar que entre los sometidos a 'este tipo de agresión' las estadísticas reflejan una notable mayoría de mujeres. Nancy Caro Hollander, en 'The Gendering of Human Rights: Women and the Latin American Terrorist State', uno de los trabajos más completos que tratan esta cuestión, intenta dar una explicación de la compleja relación entre género

---

[17] También lo son en los estudios sobre el Holocausto. Sara Horowitz señala a este respecto: 'works by women survivors are cited less frequently in scholarly studies, women's experiences are rarely central to the presentation of a 'typical' Holocaust story, and significant works by women soon fall out of print, becoming unavailable for classroom use. How we think about and how we teach the Holocaust has been based predominantly on the testimony – written and oral – of male survivors' (369).

y represión política en América Latina y las formas en que el género afecta las respuestas psicológicas individuales al terrorismo de Estado. Señala que el Estado terrorista intensifica la violencia dirigida contra las mujeres y que posiblemente la forma más específica que adquiere este tipo de violencia es el abuso sexual. Afirma que los efectos en las mujeres son complejos y discrepantes porque las estrategias y el impacto traumático del Estado terrorista refuerza algunos aspectos del rol tradicional de la mujer y al mismo tiempo altera otros. El impacto del terror de Estado en las mujeres es contradictorio, homogeneiza y al mismo tiempo exacerba las experiencias de diferenciación entre mujeres y hombres basadas en su identidad y sus roles sexuales.

El primer aspecto del impacto del terrorismo de Estado, según Caro Hollander, es la homogeneización de experiencias diferenciadoras de género. Judith Lewis Herman analiza la naturaleza del trauma en una variedad de situaciones que incluye desde las esposas golpeadas a la guerra. Herman sostiene que el combate y la violación son la manifestación pública y privada de la violencia social organizada y que deberían considerarse como ritos sociales complementarios de iniciación a la violencia coercitiva que es la base de la sociedad adulta. Son formas paradigmáticas de trauma para las mujeres y los hombres respectivamente (61).

En el Estado terrorista, algunos elementos de estos ritos de pasaje paradigmáticos y específicos según género se universalizan, de manera tal que hombres y mujeres están expuestos a experiencias traumáticas típicas del otro sexo en situaciones 'normales'. Las condiciones establecidas por el Estado terrorista tienden a provocar un impacto en mujeres y hombres convirtiendo su situación social en algo más simétrico de manera tal que cada uno queda expuesto a ambos ritos de pasaje. Si las condiciones de terror de la vida cotidiana provocan una experiencia similar a la del combate, el trauma de la tortura remite a dinámicas similares a las provocadas por violación o golpes domésticos. El terrorismo de Estado amenaza los límites de la subjetividad al punto que desestabiliza la categoría de género.

A partir de la lectura de testimonios, Jean Franco describe cómo la hombría de los prisioneros era deliberadamente puesta en cuestión en las sesiones de tortura ('Gender' 107). También sostiene que estos prisioneros fueron forzados a vivir como mujeres, de manera que pudieron comprender lo que significa estar constantemente preocupados por su cuerpo, ser ridiculizados y golpeados, y sentirse reconfortados por actividades de la vida cotidiana como lavar la ropa o hablar con amigos (109).[18] En *The Politics of Cruelty*, Kate Millet reafirma esta idea e interpreta el rol de la sexualidad en la cámara de torturas:

---

[18] Esto mismo señala Claudia Koonz en *Mothers in the Fatherland* acerca de la experiencia en los campos de concentración nazis: 'The women often describe extraordinary caring of one woman for another, and they even recount the "feminization" of male prisoners, men who had to learn to trust and share in the manner of women. Men, many survivors assert, "had to learn behaviors that women already knew"' (381). El libro de Koonz es un esfuerzo por mostrar a las mujeres como actores decisivos durante el Tercer Reich.

the tortured come to experience not only the condition of the animal caged
by man, but the predicament of woman before man as well. A thing male
prisoners discover, a thing female prisoners rediscover. Torture is based upon
traditional ideas of domination: patriarchal order and masculine rank. The
sexual is invoked to emphasize the power of the tormenter, the vulnerability
of the victim; sexuality itself is confined inside an ancient apprehension and
repression: shame, sin, weakness. (*Politics* 34)

Wladimir Turiansky, quien durante la dictadura pasó 10 años en la prisión
uruguaya 'Libertad', cuenta en su testimonio cómo los prisioneros eran
obligados a hacer tareas 'típicas' de las mujeres. Según Turiansky, estas actividades domésticas se convirtieron en lugares de resistencia. Las tareas en la
cocina no sólo servían para romper el aislamiento de las celdas (una de las
características más distintivas de la represión en Uruguay) sino que también
les daba la oportunidad de pasar información a prisioneros de otras alas de la
prisión. Este espacio 'femenino' de resistencia pasa inadvertido para los agentes
de la represión.

Si los hombres hacen su entrada al mundo de lo femenino en las cárceles
de la dictadura, las mujeres también incursionan en el mundo de lo masculino.
En otra lectura de testimonios, Diamela Eltit analiza los esfuerzos de dos
mujeres chilenas militantes de izquierda por integrarse al mundo masculino de
lo político y el poder: 'dispusieron de sus cuerpos para la emergencia de una
guerra posible, quiero decir, actuaron teatralmente en un escenario paródico, la
simbología onírica latina de los '70 en donde el cuerpo de las mujeres quebraba
su prolongado estatuto cultural de inferioridad física para hacerse idéntico al
de los hombres'.[19] Los testimonios recopilados por Marta Diana en *Mujeres
guerrilleras*, también señalan este cambio: 'el clima militar ... nos asimilaba a
las mujeres a un comportamiento a lo varón. La máxima sería cuanto más
soldado mejor hombre' (Diana 32).

La amenaza directa del Estado a la vida familiar mediante desapariciones,
asesinatos, tortura y prisión motivó el compromiso político de un grupo de
mujeres que se definieron como Madres. Las Madres de la Plaza de Mayo
constituyen otro ejemplo, quizás paradigmático, de cómo un grupo de mujeres,
forzadas por las prácticas autoritarias a abandonar su rol tradicional en la esfera
privada, redefinen sus roles como madres en la esfera pública, dejando en
evidencia el doble discurso del gobierno que, mientras apelaba a la nobleza de

---

[19] En 'Cuerpos nómadas' Eltit comenta las autobiografías de Luz Arce (*El infierno*) y
María Alejandra Merino (*Mi verdad*), publicadas durante el gobierno democrático de Chile.
Las dos mujeres, después de ser capturadas y sometidas a tortura, terminan colaborando con
el régimen de Pinochet y llegan a integrar los servicios de inteligencia con grado militar y
a participar activamente en sesiones de tortura. Eltit sostiene que ambos textos proponen
conscientemente la construcción de una 'identidad desde el cuestionamiento de los roles
tradicionales', como un intento de ocupar 'el lugar del poder dominante al cual aspiran
acercarse'. Para Eltit, ambas autobiografías, escritas durante la vigencia de leyes de reconciliación en Chile posterior a la dictadura, desarrollan una 'identidad conflictiva con lo
femenino y una fascinación por los espacios masculinos'.

la familia y la maternidad, destrozaba hogares (Franco 'Gender'; Navarro; Chuchryck; Masiello 'La Argentina'). El reclamo de las madres contra el Estado rediseña el mapa de género y expande los espacios de la participación pública de las mujeres. Si la distinción entre lo público y lo privado deja fuera del marco de lo político a la reproducción y la familia, la militancia de las Madres las incluye. La maternidad motiva una política de resistencia en lugar de aceptación de valores tradicionales y conservadores. Pero curiosamente, cuando se les pregunta por qué hay más mujeres en las organizaciones de defensa de los derechos humanos, las respuestas están basadas en una concepción tradicional del rol de la mujer: la represión atacaba más a los hombres y las mujeres se organizaban por simple necesidad, para buscar a sus parientes; los hombres no se involucraron por temor a perder sus trabajos; las mujeres se acompañan mejor entre ellas; los hombres se sienten aislados; las mujeres tenían más tiempo (Diana; Mellibovsky; Bonafini). La actividad política de estas mujeres confirma y al mismo tiempo contradice el rol tradicional de las mujeres. La búsqueda de sus hijos desaparecidos es una actividad política por parte de las Madres al mismo tiempo que demuestra 'una aceptación de la división sexual del trabajo y de la subordinación de las mujeres' (Navarro 257).

Como el impacto del terror de Estado es paradójico, también se extrema la diferenciación de los roles genéricos. El estado terrorista fortalece las instituciones dominadas por hombres e intensifica la ideología misógina (Caro Hollander 45). La militarización de la sociedad recalcó tanto la división de roles masculinos y femeninos como la intolerancia por la homosexualidad. Aún en ámbitos como la militancia partidaria, la guerrilla o los sectores más progresistas de la sociedad, en los que se hablaba de la importancia de la renovación en la sociedad, los prejuicios contra la homosexualidad estaban sumamente arraigados.[20]

Introducción a la pornografía o cómo hablar del cuerpo femenino torturado

Ahora bien, si la tortura hace del cuerpo masculino una mujer, como muchos de los torturados afirman, ¿en qué transforma al cuerpo de la mujer? La literatura intenta dar cuenta de esta problemática. Los textos seleccionados para este capítulo le ofrecen un espacio privilegiado al cuerpo como metáfora y como

---

[20] Así lo refieren los testimonios de mujeres guerrilleras recogidos por Marta Diana. La mayoría hace mención a la imposibilidad por parte de las mujeres de acceder a puestos directivos y a las dificultades de la militancia y la maternidad simultáneas, especialmente por la falta de participación de los hombres en la crianza de los niños y la desconfianza generalizada de que estas mujeres pudieran tener una participación plena en la militancia política. Ana María Araujo menciona cómo en Uruguay las mujeres diestras en el combate eran socialmente construidas como hombres y generalmente se decía, con animosidad, que eran lesbianas (160). Judith Filc también recoge testimonios y comenta esta animosidad en las cárceles de la dictadura aún cuando insiste en cómo los lazos de solidaridad entre las mujeres presas se fortifican.

punto de referencia desde el cual se puede examinar el rol de las mujeres en la sociedad. Aunque los testimonios de mujeres prisioneras en general son sumamente discretos en cuanto al tratamiento recibido durante su confinamiento, los relatos ficticios sobre la tortura de mujeres suelen 'cruzar la delgada línea entre la descripción y la pornografía' (Franco 'Gender'; *traducción mía*).

¿Cómo hablar de un cuerpo femenino sometido a la violencia sin apelar a un género discursivo masculino por antonomasia: la pornografía? Para Franco este uso de la tortura del cuerpo de las mujeres como pornografía da lugar a un género al que ella llama 'torture-porn',[21] cuyo más claro exponente es un texto publicado en inglés y en español en 1986, con mucha difusión en Estados Unidos pero casi ninguna en el Cono Sur, *Requiem for a Woman's Soul* de Omar Rivabella. Esta cuestión inscribe los relatos sobre tortura en un debate, tampoco ausente de invocaciones éticas, acerca de cómo interpretar a la pornografía como producción cultural. Este debate casi no tiene repercusión en Latinoamérica pero fue muy intenso entre las feministas de habla inglesa. Uno de los pocos autores de los que tengo conocimiento que haya tratado en el Cono Sur el tema de la pornografía es David William Foster en 'The case of Feminine Pornography in Latin America' y casi no cita bibliografía en español. Este autor nos hace notar que si bien el género pornográfico cuenta con varios volúmenes escritos por mujeres (y sería ya un subgénero), la única editorial que los públicа, La sonrisa vertical, es española.[22]

La figura de Sade, en cambio, fue ampliamente discutida en Argentina aunque fuera de la perspectiva de género, teniendo como marco de referencia a la crítica francesa. Si en los 60 se lo vio como un agente liberador, subversivo, anti-sistema, y se lo identificó con el concepto de 'escritura', en los 90, ya pasado el sadismo extremo del régimen militar, se advierte sobre el peligro de convertir la 'utopía negativa' de Sade en un proyecto político.[23]

En un primer término la discusión sobre cómo interpretar la pornografía divide aguas entre quienes intentan legislarla[24] (o mejor, prohibir o restringir su producción y circulación) por considerarla una forma de desigualdad sexual cuya mera existencia atenta contra las mujeres por mantener el status quo y proyectar una visión subordinada y degradada de la mujer (dejan de lado la

---

[21] En charla privada.

[22] En Argentina la pornografía, o lo que los organismos fiscalizadores consideran pornografía, ha sido objeto de censura pero no de discusión. Sólo recientemente, con las nuevas leyes municipales de legalización de la prostitución y la sanción de un 'código de convivencia', los porteños han debatido sobre qué es correcto ver y qué no por las calles de Buenos Aires.

[23] Véase Bosteels, Wouter y Luz Rodríguez Carranza, 'El objeto Sade. Genealogía de un discurso crítico: de Babel, revista de libros (1989–1991) a Los libros (1969–1971)'.

[24] Dworkin y MacKinnon, reconocidas cruzadistas en contra de la circulación de pornografía, son autoras materiales de ordenanzas municipales en vigencia o revisadas en varias regiones de Estados Unidos.

posibilidad de una pornografía de cuerpos masculinos) y quienes,[25] con muchos matices, ven en la pornografía un terreno en el que se examina la dominación masculina[26] y donde también se puede construir una erótica que quiebre estas dinámicas y provea nuevas imágenes en torno a las relaciones de poder.

El amplio espectro de opiniones en relación a la pornografía refleja la imposibilidad de definirla como una categoría coherente y fija. Hace 40 años Ralph Ginzburg señalaba 'no truly satisfactory definition of erotica (and/or pornography or obscenity) has ever been devised. The concept is entirely too subjective' (Ginzburg y Nathan 37). Esta distinción sigue siendo tan oscura como antes. El historiador de la pornografía, Walter Kendrick, sostiene que su desarrollo como categoría siempre fue conflictiva y cambiante: no es un 'objeto' sino una zona de batalla en la que se ponen en juego mecanismos de poder y censura, y valores estéticos y morales.

Sin embargo, resulta indudable el parentesco entre pornografía y arte. El mismo Freud establece la conexión. Para él las pulsiones que se utilizan en actividades culturales provienen de la sublimación de los elementos perversos de la excitación sexual. Arte y perversión tienen un origen común sólo que el arte se manifiesta mediante el lenguaje estético, que resulta mucho más aceptable socialmente.

Susanne Kappeler lleva la discusión en torno a la pornografía a un punto en que le permite reflexionar acerca de la relación entre realidad y ficción. En el primer capítulo de *The Pornography of Representation*, lee un caso criminal de un periódico de amibia para establecer una conexión entre imágenes de violencia y pornografía (5–10). Un joven blanco tortura y asesina a su joven empleado negro acusándolo de pertenecer al movimiento de liberación nacional SWAPO. Durante los últimos momentos de vida de la víctima, un grupo de amigos del torturador los acompaña y toma fotos del victimario y de la víctima en dos poses diferentes. La última registra el preciso momento en que la víctima muere, de modo que 'posar' para estas fotos constituye no sólo una forma de tortura y la causa inmediata de muerte sino también un suplemento del acto de tortura. Hay dos elementos en este episodio policial que lo transforman, según Kappeler, en un hecho artístico: la presencia de una cámara fotográfica,

---

[25] Susan Sontag, 'The Pornographic Imagination', in *Styles of Radical Will*; Angela Carter, *The Sadeian Woman and the Ideology of Pornography*; Sandra Gubar. 'Representing Pornography: Feminism, Criticism, and Depictions of Female Violation', in *For Adult Users Only: The Dilemma of Violent Pornography*; Susanne Kappeler, *The Pornography of Representation*; Walter Kendrick, *The Secret Museum: Pornography in Modern Culture*; Rodgerson and Wilson (ed), *Pornography and Feminism*, 1991; Lynn Hunt, *The Invention of Pornography: Obscenity and the Origins of Modernity, 1500–1800*; Kate Millet, *Sexual Politics*; Laura Kipnis, *Bound and Gagged: Pornography and the Politics of Fantasy in America*, entre otros.

[26] En forma 'misógina' para Millet y 'feminista' para Carter.

ante la que se hace posar a la víctima, y de una audiencia. Esta forma particular de tortura, a la que podemos llamar sadismo, tiene entonces dos partes: el hecho en sí y el goce, la acción y la apreciación. Para Sade el placer, que requiere una estructura intelectual sofisticada, no existe sin una audiencia. Si hay una audiencia, la tortura se vuelve un arte. Kappeler comenta que en el juicio se pudieron considerar las fotos como evidencia suficiente para condenar al torturador por asesinato pero que nunca se las tuvo en cuenta como representaciones pornográficas (como las películas 'snuff') y no se acusó al autor de producir y poner en circulación material pornográfico. Más aún, el juicio contribuyó a la difusión de las fotografías en los medios periodísticos. A partir de este relato Kappeler propone analizar estas fotografías como 'artefacto', como ficción, a la que define como lo Otro de lo real, como el ocio y el placer que complementa el trabajo y la utilidad de lo real. Las fotografías y la tortura, que nada tenían que ver con la lucha contra los 'terroristas', son actos gratuitos llevados a cabo por placer en un día de ocio del joven blanco (el incidente ocurrió durante un fin de semana), como una forma de expresión y de afirmación de su subjetividad.

Quienes hayan visto la película española *Tesis* del director español Amenábar podrán confirmar que la gratuidad incrementa la 'brecha' que, según Angela Carter en *The Sadeian Woman*, queda abierta en la producción pornográfica para que ingrese el lector: 'it is virtually impossible to forget oneself in relation to the text. In pornographic literature, the text has a gap left in it on purpose so that the reader may, in imagination, step inside it' (14). Resulta mucho más perturbadora la posibilidad de que la película reproduzca las imágenes del 'snuff', cosa que nunca ocurre aunque sí escuchamos su banda sonora, que las imágenes que la película sí muestra de sangrientos asesinatos y accidentes.[27] La aparente presencia casual de la cámara que filma (con un gesto como de quien pasaba y entró) diluye el efecto aterrorizador de saber que alguien pone la cámara con intencionalidad de satisfacer a una audiencia mediante el registro de las poses de una actriz involuntaria (que podría ser la protagonista misma de la película con quien el espectador termina identificándose). Este efecto aterrorizador es aún mayor considerando que el que filma es un estudiante de cine y por lo tanto consciente de la técnica de representar, que además no parece tener motivaciones claras (es rico y buen mozo) excepto producir un cine que venda.

Las controversias sobre el impacto de la pornografía iluminan una serie de cuestiones cruciales para la crítica feminista, especialmente la relación entre género sexual y género discursivo, y entre ideología y evaluación (Gubar 49). ¿Un género producido principalmente por y para hombres necesariamente degrada o excluye a una mujer espectadora o lectora? ¿Una imagen explícitamente misógina provoca inevitablemente una ideología misógina y queda excluida del ámbito del arte?

---

[27] Por el manejo del suspenso en esta película, la crítica ha llegado a comparar al director con Hitchcock.

Sontag sostiene que el artista es un 'freelance explorer of spiritual dangers' ('Pornographic Imagination' 45) y la 'imaginación pornográfica' no hace más que exacerbar esta condición. Le permite entrar en contacto con ciertas zonas de lo prohibido en donde se anulan los sujetos ya sea en asociación con la muerte física, con intentos místicos de trascender lo personal o con la rebeldía de transgredir los límites de la conciencia convencional.

Para Carter la pornografía pone de manifiesto la dominación política de los hombres como síntoma de relaciones sexuales tiránicas en una sociedad opresiva. Por eso el pornógrafo, a quien curiosamente imagina como un hombre (quizás porque su libro comenta a Sade), es un aliado de las mujeres. Si Sontag construye un corpus pornográfico a partir de una evaluación de calidad y se desentiende de la evaluación ética para ahuyentar el fantasma de la censura,[28] Carter asigna a esta 'pornografía aliada' un atributo 'moral', aunque más bien parecería político:

> A moral pornographer might use pornography as a critique of current relations between the sexes. His business would be the total demystification of the flesh and the subsequent revelation, through the infinite modulations of the sexual act, of the real relations of man and his kind. Such a pornographer would not be the enemy of women, perhaps because he might begin to penetrate to the heart of the contempt for women that distorts our culture even as he entered the realms of true obscenity as he describes it. (19)

A diferencia de Sontag y Carter que proponen una celebración del arte como pornografía, Kappeler propone una condenación de la pornografía como arte (nótese que ambas visiones proponen una relación estrecha entre los términos 'arte' y 'pornografía'). Esta autora identifica 'estructuras pornográficas de representación' en toda la literatura y el arte ya que tanto los productores como los receptores son cómplices en el ejercicio de usurpar a la mujer de subjetividad y experiencia. El pornógrafo reproduce en un nivel menos sutil y con una circulación menos exclusiva, esta tarea del artista.

Cómo representar la violencia: 'Recortes de prensa' de Julio Cortázar

En 'Recortes de prensa' de Julio Cortázar dos artistas argentinos, un escultor y una escritora, se encuentran en un departamento en París. El escultor quiere convencer a la escritora de que escriba el prólogo a su libro con reproducciones de su obra sobre la violencia. Noemí, la escritora, le muestra al escultor un recorte de un periódico con el testimonio de una mujer argentina cuya familia fue víctima de la represión militar. De camino de regreso, Noemí se detiene en las calles de París ante el pedido de ayuda de una niñita. Acompaña a la

---

[28] 'The question is not whether pornography, but the quality of the pornography' (Sontag 'Pornographic Imagination' 73).

niña hasta un departamento en el que hay una mujer que está siendo sometida a torturas por un hombre. Noemí golpea al hombre con una silla, libera a la mujer y entre las dos comienzan a torturar al hombre. Ya en su casa, Noemí decide contar esta experiencia como parte del prólogo del libro de su amigo. Lo llama por teléfono, le cuenta lo que ocurrió y le dice que puede pasar a buscar el prólogo. El escultor responde con otro recorte periodístico en el que se cuenta que el cadáver torturado de una mujer fue encontrado en Marsella y con una reflexión jocosa acerca de la habilidad de Noemí para hacer entender una experiencia a través de una ficción. Noemí sale a buscar a la niña y se entera de que está en custodia de una asistente social.

'Recortes de prensa' puede leerse como la puesta en escena de la pregunta sobre cómo representar la violencia. El relato propone múltiples alternativas de representación: se habla de esculturas; se reproduce un artículo periodístico publicado en un periódico parisino (ficticio, según el epígrafe, 55) y un testimonio de una madre y esposa de desaparecidos ('real' también según el epígrafe) publicado en *El País*; la narradora evoca un cuento de Jack London y escribe un texto que acompaña un libro con reproducciones de esculturas, que al final del cuento entendemos que se trata del mismo texto que acabamos de leer.

En su estudio sobre la violencia en la cultura popular, John Fraser advierte sobre la banalización de la violencia por la repetición. Afirma que el artista se enfrenta al peligro de convertir la violencia en un recurso estético, sin conexión con la experiencia del lector (33). 'Recortes de prensa' parece ofrecer una alternativa a este 'riesgo'. El texto insiste en la repetición de la representación de la violencia en distintos formatos: esculturas, fotos, artículos periodísticos, testimonios, ficción. Y en esa repetición, a diferencia de lo que propone Fraser, intenta que la estética se transforme, como analizaré más adelante, en una ética.

'Recortes de Prensa' construye dos figuras de artista que responden a la descripción de Sontag de 'exploradores de peligros espirituales'. En el cuento se relata el encuentro en París de un escultor y una escritora argentinos, presumiblemente exiliados. El escultor le pide a Noemí, la escritora, que prologue el catálogo con fotografías de sus esculturas 'cuyo tema era la violencia en todas las latitudes políticas y geográficas que abarca el hombre como lobo del hombre' (55).

Lo que define la participación de Noemí en el proyecto del escultor es una evaluación estética: 'Me gustó que en el trabajo del escultor no hubiera nada sistemático o demasiado *explicativo*, que cada pieza contuviera algo de *enigma* y que a veces *fuera necesario mirar largamente para comprender* la modalidad que en ella asumía la violencia; las esculturas me parecieron al mismo tiempo ingenuas y *sutiles*' (56; *énfasis mío*). En el argumento de Noemí, lo 'explicativo' o transparente sólo es admitido en el testimonio intercalado y produce horror. El arte, en cambio, parece pertenecer al terreno del 'enigma', el obstáculo y la sutileza que ofrece otra forma, equiparable, de interpretar la materia representada. '[E]n realidad no es necesario que lo leas después de lo que me mostraste' (57) afirma Noemí cuando, después de ver las esculturas, le extiende al escultor el recorte del testimonio de Laura Beatriz Bruschtein acerca del secuestro, la desaparición y la tortura de varios miembros de su familia. En ninguno de los dos casos se desconfía de la representación.

En el epígrafe del cuento una voz autoral nos alerta sobre la forma en que debemos leerlo: 'Aunque no creo necesario decirlo, el primer recorte es real y el segundo imaginario' (55). De esta misma manera el escultor codifica la forma en que la opacidad de las esculturas debe ser mirada (casi a modo de un espectáculo): 'me instaló en un sillón propicio y empezó a traer las esculturas, las ponía bajo una luz bien pensada, me dejaba mirarlas despacio y después las hacía girar poco a poco' (55–6). También decide revelar algunos misterios: 'la confidencia del escultor' le 'deja conocer' a Noemí (56) los materiales de que están hechas las esculturas.

La transformación de la violencia en materia artística tiene como conse-cuencia en este cuento un doble planteamiento moral. Por un lado está presente, como un imperativo ético, la necesidad de producir y poner en circulación este material como parte de una denuncia: 'mañana te levantarás y al rato estarás modelando otra escultura y sabrás que yo estoy delante de mi máquina y pensarás que somos muchos aunque seamos tan pocos, y que la disparidad de fuerza no es ni será nunca una razón para callarse' (59). El testimonio intercalado responde también a este imperativo ético. Por otro, el texto se pregunta cómo se coloca el placer estético que producen estas imágenes de violencia frente a la valoración ética. La respuesta es: en el lugar de la culpa. Si el escultor sostiene que 'a veces uno se siente culpable' (56), el placer estético se transforma en la escritora en una expresión sádica de deseo, una 'oscura complacencia' (56).

El carácter vicario de una representación (el prólogo) que acompaña a una representación (las fotos) de una representación (las esculturas) resalta la distancia entre experiencia y discurso que también se manifiesta como una diferencia del relato: 'Pero siempre es igual, siempre tenemos que reconocer que todo eso sucedió en otro espacio, sucedió en otro tiempo. Nunca estuvimos ni estaremos allí, donde acaso …' (60). O como la distancia entre París y Buenos Aires: 'Y yo estoy aquí a miles de kilómetros discutiendo con un editor qué clase de papel tendrán que llevar las fotos de las esculturas, el formato, y la tapa.'

Esta distancia o diferencia a la que se refiere el texto originó en el campo intelectual argentino un acalorado debate entre los intelectuales exiliados e 'insiliados'. Cortázar se convirtió en uno de los protagonistas del debate cuando en 1978 despertó respuestas coléricas al proclamar que la cultura en Argentina había sido aplastada por la dictadura y que la única posibilidad de oposición estaba en el exilio. El debate sobre cuál había sido la posición más adecuada para los intelectuales y su relación con su comunidad, irse o quedarse en Argentina, se volvió aún más encarnizado durante los comienzos del proceso de redemocratización.[29]

---

[29] Para un estudio sobre los debates entre los que se fueron y los que se quedaron, véase Saúl Sosnowski, *Represión y reconstrucción de una cultura: el caso argentino*.

Esta misma distancia o diferencia es la que el texto que escribe Noemí como prólogo se propone quebrar al conferirle a la representación el peso de la experiencia. Como mencioné anteriormente, las esculturas del cuento no tienen 'nada de sistemático o demasiado explicativo', cada pieza contiene 'algo de enigma', es 'necesario mirar largamente para comprender la modalidad' que asume la violencia; las esculturas son 'al mismo tiempo ingenuas y sutiles' (56). Al emplear la misma estrategia que las esculturas, el prólogo de Noemí no propone un relato 'explicativo' de aquello que prologa sino otro 'enigma'. En lugar de comentar la obra del escultor, Noemí relata una experiencia casi catártica en la que entra en contacto con ciertas zonas de lo prohibido en donde se anulan los sujetos ya sea en asociación con la muerte física, con intentos místicos de trascender lo personal o con la rebeldía de transgredir los límites de la conciencia convencional (Sontag 'Pornographic Imagination' 45). Camino a su casa después del encuentro con el escultor, una niña la lleva a donde 'papá le hace cosas a mamá'. Noemí se convierte entonces en la involuntaria testigo de una escena de tortura, y sin entender cómo, toma una silla y golpea al torturador, ayuda a la mujer a liberarse de los tormentos a los que el hombre la somete y se alía a la víctima para torturar al victimario. De esta manera, en un planteo más amplio sobre la relación entre experiencia y texto, el cuento parece estar proponiendo que el arte y la literatura pueden no sólo hablar de la violencia sino hacerla vivir por analogía. En el texto de Noemí, los límites entre representación y la experiencia se vuelven quebradizos, aún pese al intento del escultor de recomponerlos con una explicación final sobre como actúan las ficciones de Noemí. Así como pueden mezclarse los géneros literarios, y en este cuento puede leerse un testimonio 'real' que a su vez se recicla en el texto de Noemí con la cadencia de una poesía (62), el relato sobre la violencia puede transformarse en experiencia propia o 'realidad'. Como afirma Alberto Paredes el relato de Noemí reclama 'un aquí y ahora': 'La coloca frente al crimen denunciado como ficticio en esa misma nota, espectadora insólita de la violencia doméstica mientras está sucediendo; ese suceso ficticio de París funciona como el innegable encontronazo con la realidad de la violencia' (194).

El discurso sobre la violencia se vuelve ubicuo, cambia el punto de vista y cruza fronteras: 'cómo entender que también yo, también yo aunque me creyera del buen lado también yo, cómo aceptar que también yo ahí del otro lado de manos cortadas y de fosas comunes' (66). Aquello que se debe denunciar, la violencia del hombre contra la mujer, se transforma en otro tipo de violencia. La mirada pasiva del comienzo del cuento en la que la escritora presencia el espectáculo de la violencia representada en las enigmáticas esculturas, se transforma hacia el final, en una toma de acción. Ahora es la mujer (duplicada y por lo tanto en mayoría) la que tiene el poder y lo ejerce de la misma forma que su victimario, con la tortura. Justicia poética sellada con un pacto de género: las dos mujeres toman las armas del hombre y asumen su mismo comportamiento. Víctima y victimario se transforman en piezas intercambiables de un sistema inmodificado.

Para Parkinson-Zamora, el cuento está estructurado de manera tal que se hace énfasis en la identidad femenina de la narradora. Su 'biografía' se confunde primero con la del propio Cortázar (los dos, escritores argentinos en París), hasta que aparece el nombre propio, Noemí, para establecer la diferencia; además el personaje se identifica de inmediato con la mujer víctima, estableciendo una complicidad genérica (un pacto en silencio, que contrasta con la necesidad de explicaciones que tiene el escultor). Según esta crítica, esto refleja la preocupación de Cortázar tanto por las cuestiones de género como por presentar el poder destructivo de la tortura que llega a homogeneizar las diferencias sexuales. En tal caso, ni Parkinson-Zamora ni Cortázar tendrían en cuenta las formas genéricamente específicas que la tortura puede adquirir. En 'Recortes de prensa' no parece ser la tortura sino la solución poética del conflicto (la alianza de las dos mujeres para torturar al hombre en el relato de Noemí) la que propone borrar las diferencias de género.

En las descripciones de las escenas de tortura de 'Recortes' se mencionan partes del cuerpo de mujeres:

> Llevaba muy lentamente el cigarrillo a la boca, dejaba salir poco a poco el humo por la nariz mientras la brasa del cigarrillo bajaba a apoyarse en un seno de la mamá, permanecía el tiempo que dudaban los alaridos sofocados por la toalla envolviendo la boca y la cara salvo los ojos. (64)

De la tortura de hombres, el texto no puede hablar y hasta elige mencionar un cuento de Jack London, en el que la narración se detiene ante la imposibilidad de relatar cómo una tribu de mujeres martiriza a un hombre con técnicas 'exquisitamente refinadas en cada nueva variante jamás descrita' (66). Describir un cuerpo masculino resulta imposible en este cuento. Cuando la narración habla sobre la preparación del hombre para someterlo a tortura, describe la ropa:

> Veo sus ojos en los míos, un solo par de ojos desdoblados y cuatro manos arrancando y rompiendo y desnudando, chaleco y camisa y slip ... mi maldita condición y mi dura memoria me traen otra cosa indeciblemente vivida pero no vista, un pasaje de un cuento de Jack London. (65)

Para hablar de la relación entre realidad y ficción, el cuerpo femenino adquiere las formas tradicionales de los roles genéricos. La pareja hombre–mujer mantiene una relación sadomasoquista en la que el cuerpo de la mujer es objeto de la mirada. La anulación de los sujetos femeninos no se da sólo en lo representado sino en la forma de representarlo (de Lauretis *Technologies* 42), en la 'retórica de la violencia'.

Este cuento ofrece un mapa geográfico de la violencia extendido, que no se limita al Cono Sur ni al ámbito político. Aunque el testimonio que el cuento reproduce tiene lugar en la Argentina del Estado terrorista, las estatuas del escultor, de quien también se insiste que es argentino, no representan una zona geográfica en particular. En la escena de la tortura de 'papá' a 'mamá', el texto parece encontrar un tipo de violencia aún más universal: sale del ámbito político para instalarse también en el privado, puede ocurrir hasta en cualquier lugar de la civilizada Francia y además puede invertir posiciones y transformarse en una tortura de mamá a papá. Al otorgarle a la violencia doméstica una solución también doméstica, la extensión del mapa de la violencia produce un efecto de despolitización de la denuncia. El conflicto de género queda inscrito en un marco que ya no pertenece al ámbito de lo político. Y en un efecto de rebote, se restringe el alcance de la denuncia política.

El diálogo desde otro lugar: *Conversación al sur* de Marta Traba

Como en 'Recortes de prensa', en *Conversación al sur* de Marta Traba se narra el reencuentro entre dos artistas, una actriz argentina, Irene, y una joven escritora y militante política uruguaya, Dolores, que intentan comunicar sus experiencias frente a la violencia. Las protagonistas reconstruyen su historia a partir del diálogo, que a veces es imaginado (cuando no están juntas las protagonistas siguen hablándose una a la otra). Su primer encuentro se había producido hacía cinco años. Poco después de conocerse, ambas fueron arrestadas durante una fiesta en Uruguay. Como consecuencia de los golpes durante este arresto Dolores, la escritora, sufre un aborto e Irene, la actriz, es 'repatriada' a la Argentina después de ser sometida a varias humillaciones. En el momento del reencuentro, Irene está esperando ansiosamente noticias de su hijo, también militante político secuestrado en Chile por los militares durante el golpe de Pinochet. La novela termina con la entrada de los militares a la casa de Irene, donde las dos protagonistas esperan abrazadas a que se las lleven.

Tanto 'Recortes de prensa' como *Conversación al sur* y, como veremos más adelante, 'Cambio de armas' comparten la pregunta sobre la posibilidad de cambio de roles en la relación victimario = hombre / víctima = mujer en una sesión de tortura:

> yo imagino muchas veces a un tipo dando la orden de fusilamiento, o a otro enchufando la picana eléctrica o metiéndole la cabeza a una chica en un balde lleno de mierda y quedo paralizada del horror, pero no se me ocurre que la situación se invierta y que yo sea la que enchufe la picana para aplicársela a los testículos del monstruo. (*Conversación* 166)

Si en 'Recortes de prensa' el cambio de roles es posible mediante una alianza entre las mujeres, en *Conversación al sur* esa opción resulta insostenible: se rechaza la posibilidad de ocupar el espacio del otro. En 'Cambio de armas', como se verá más adelante, la pregunta no da una respuesta definitiva.

Aunque lo que *Conversación al sur* relata es la destrucción lo que intenta es una reconstrucción a partir de la recuperación de zonas obliteradas de la memoria y la recuperación del contacto físico. La anulación de subjetividades se presenta en este texto midiendo las relaciones de poder entre personajes

femeninos y masculinos, construyendo así un mapa de coordenadas genéricas
en el que la víctima ocupa el lugar de lo femenino.[30] Aún los militantes masculinos en *Conversación al sur* (los héroes muertos) están marcados por lo
femenino: Andrés, el líder del grupo de militantes uruguayos, tiene un tipo de
sensibilidad propia de las mujeres y Enrique, el esposo de Dolores, es 'frágil',
'delicado' y 'hermoso' (35). La novela desmasculiniza todo lo que se oponga
al poder dominante. Invierte así el gesto que Diana Taylor señala en
Disappearing Acts como parte de la estrategia discursiva del gobierno militar:
escenificar la consolidación de un poder masculinizado que se impusiera sobre
un ambiente hostil feminizado. De modo que para reafirmarse en el poder, lo
masculino dominante debía feminizar y violar al 'enemigo' (310).[31] Esta
construcción discursiva en *Conversación al sur* cambia de signo: lo femenino
no es lo devaluado y de su lado queda el poder de la resistencia.

En *Conversación al sur*, el cuerpo de la mujer lleva la marca de los regímenes
represivos como evidencia de una experiencia colectiva. El diálogo entre las
dos mujeres se ve interrumpido por la reiterada necesidad de Dolores, resultante
de la tortura, de ir al baño y la ansiedad de Irene, ante la posibilidad de la
desaparición de su hijo, que le hace levantarse a preparar comida. Como señala
Francine Masiello en 'La Argentina durante el Proceso', las funciones elimi-
nativas e ingestivas de los cuerpos de las mujeres imponen cortes en la linealidad
del discurso.[32] Las interrupciones en la novela también se dan con el viaje de
ida y vuelta de Dolores a la casa de sus padres. En otro nivel, la estructura
misma del texto dividido en dos capítulos (uno asume el punto de vista de
Irene y el otro el de Dolores) y la oscilación de la narración entre la primera
y la tercera persona, también produce cortes.

Los cuerpos femeninos se construyen como fragmentados. Cuerpos victimi-
zados, se distancian de la conciencia. En la escena con que comienza
Conversación al sur, Dolores visita sin previo aviso la casa de Irene en Uruguay,
después de cinco años de no verse. Irene llega 'en blanco' a abrirle la puerta.
Están en una posición 'simétrica' pero desde la perspectiva de Irene, Dolores
'podría disolverse en la luz'. El texto insiste con la difuminación: 'le hubiera
gustado borrarla aún antes de reconocerla' pero 'sus adiestradas armas no
resistirían el espectáculo de la muchacha desintegrándose en la luz' (7). Sólo
a partir de la mediación del recuerdo es posible una visión más nítida del
cuerpo. La memoria recupera, reintegra: 'Nada estaba olvidado' piensa Irene y

---

[30] Sobre los lugares que la cultura asigna a lo femenino y lo masculino, véanse Teresa
De Lauretis, *Alice Doesn't*, y Nelly Richard, *Masculino/Femenino: Prácticas de la diferencia
y cultura democrática*.
[31] Para Diana Taylor on 'Damnable Iteration' esta estrategia ha sido histórica en
Sudamérica. En el siglo XIX subyacía a la práctica de violar al enemigo con una mazorca:
'Though the conflict was cast in gendered binaries, neither side was occupied by real women.
Women were backgrounded as historical figures or were 'disappeared' symbolically'
(*Disappearing Acts* 310).
[32] La sabiduría popular en Argentina también pensó en estos cortes y en la voracidad
del sistema represivo: a los desaparecidos también se los llama 'chupados'.

reconstruye el nombre y el detalle del cuerpo de Dolores (la describe) y de su propio cuerpo ('había engordado', 8).

Los cuerpos amenazados de *Conversación al sur* no sólo corren el peligro de desintegrarse en la luz, sino que no se sostienen solos (las protagonistas se desplazan por la casa apoyándose en los muebles, 74 y siguientes), tiemblan y se descontrolan,[33] cambian el ritmo de las necesidades fisiológicas, se desfamiliarizan. En *Intimate Violence*, Laura Tanner afirma que para la víctima, la violencia se define como la destrucción literal y sicológica de la forma, la amenaza a la coherencia personal y el sacrificio del autocontrol (7). Los recuerdos del cuerpo en *Conversación al sur* empiezan con lo más externo: 'visualizo más a la minifalda que a mí'. Es necesario esforzarse para mantener las imágenes de los cuerpos. Aún las caras de la familia se vuelven 'invisibles' o irreconocibles cuando el aparato represivo las muestra en la televisión, y los cuerpos varían de tamaño: el cajón cerrado que devuelve la policía con los restos de Enrique no guarda relación con su altura. El discurso oficial del gobierno militar no devuelve imágenes familiares. Descompone, altera, fragmenta, invisibiliza los cuerpos, los desaparece.

Frente al silencio impuesto por el régimen militar, en *Conversación al sur* la memoria permite la reinvención de relatos. Cada vez que se recuerda, se alteran los detalles. La memoria no es estable. En ella no existen las totalidades. Si el recuerdo es el medio por el cual es posible relatar la pérdida, en la reiteración de episodios (en la versión de Irene y de Dolores y en el ejercicio de ambas y de Elena de repetir o perfeccionar los relatos del pasado) podría leerse un acto ritual de reparación.

Los personajes se visualizan en sus recuerdos. La memoria representa una zona de máxima visibilidad y tiene un valor de uso. Los recuerdos se coleccionan o empacan (64), se usan y perfeccionan (75): se pasan como películas y pueden controlarse (es posible 'rodarlos hacia atrás') (145), o constituyen una amenaza (144). Recordar es un volver a ver (74), es recuperar el pasado en toda su corporeidad. Los recuerdos dan luz y nueva vida: 'Este sitio donde yacemos como muertos se iluminó de nuevo de golpe. He visto las catástrofes de mi vida, no como tumbas apagadas, sino como cosas que fulguran' (139); y nutren: 'Le enterneció una vez más la calidad afectuosa de esa memoria dispuesta a alimentar como una matriz a todos sus protegidos' (157).

La visión de lo familiar, materia o recuerdo, proporciona un refugio: Irene, en su casa, mira 'a su alrededor buscando la protección de las cosas familiares' (7). Lo que no se permite ver, se transforma en una carga, en una 'persecución de cuerpos'. El mundo se divide entre los que ven a los muertos y los que no: 'Se le hace intolerable, siempre lo mismo, pensar en la enfermera mirando la cara del feto. El viejo, ella, su hija; una línea completa de gente invisible. De su hija pasa a los otros muertos y recuerda de golpe, con un escalofrío, que

---

[33] Los 'reflejos [de Irene] la traicionaban y se independizaban de su voluntad' (7); 'Comprendí que cada vez que intentaba reconstruir por qué estaba allí, en esa pieza blanca, y llegaba al cuarto de torturas, me defendía volviéndome a perder en la tiniebla. Hasta que el cuerpo se repuso y se vio obligado a salir del túnel' (133).

no ha visto a ninguno' (156). Como contrapartida, los muertos invisibles encuentran una forma de exhibición: '¿No los estaría ostentando como una escarapela?' (131), se pregunta Dolores con relación a su 'hija' y su esposo.

Toda *Conversación al sur* podría pensarse como un itinerario de recuperación por un lado, de la memoria, de las 'zonas tachadas', y por el otro, del contacto físico. El texto va del escamoteo del cuerpo en el diálogo al inicio de la novela (Irene desde la cocina, Dolores desde la sala) a la escena final en la que Irene, abrazada a Dolores, intenta contrarrestar el sonido de los militares que allanan su casa concentrándose en los sonidos de su propio cuerpo.

La presencia del otro funciona como disparador de la memoria. Recordar es un ejercicio que no puede realizarse de a uno. Recordar es un diálogo. *Conversación al sur* propone una forma de comunión (hasta insinúa el sentido religioso: Dolores se sorprende de haber invocado tres veces en el mismo día la protección divina), un tipo de comunicación sólo posible entre mujeres. Comunión genérica, intenta distintas prácticas de relación. Si la violencia en el plano político destruye las familias, en los márgenes del sistema se abre camino a otros lazos como la relación entre Dolores e Irene, que oscila entre una restitución del vínculo entre madre e hija y el deseo homosexual,[34] o la relación entre las Madres de Plaza de Mayo.

El universo femenino de *Conversación al sur* intenta establecer un tipo de transmisión de la experiencia que parece haberse perdido entre la violencia y la información engañosa de los medios de comunicación. Este corte en la comunicación ya había sido señalado por Walter Benjamin. Para este filósofo, en 'The Storyteller', a partir de la Primera Guerra Mundial la experiencia se ha vuelto incomunicable y el saber que antes proporcionaba la comunicación de la experiencia personal, de un individuo a otro, ha sido reemplazado por simple información puesta en circulación por los medios masivos (84). En *Conversación al sur*, compartir una experiencia aporta un relato que reconforta. Al enterarse de la muerte del padre, Dolores necesita volver a la casa de Irene: 'le era absolutamente imprescindible que ella le explicara qué pasa cuando se muere el padre' (154). Ante la muerte del padre, Dolores tiene la información pero necesita la historia: 'Lo único que quería era saber. ¡Dios mío, que la vieja se callara y se lo contara todo como una historia!' La falta de ese relato hace que el rostro del padre se pierda, no se pueda 'memorizar' (155), y que se busquen relatos alternativos.

En *Conversación al sur* lo personal y lo político se entrecruzan constantemente. Dolores sólo puede leer las relaciones familiares en clave política: los padres protegen a sus hijos como a sus propiedades. El poder reconfigura los espacios familiares y sociales a la vez que desfigura los cuerpos. Una esquela escrita a mano inscribe el cuerpo de Enrique, el esposo de Dolores, en una caja e impide que el ritual del entierro quede a cargo de los parientes de la víctima:

---

[34] Véase Elia Kantaris, 'The Politics of desire: Alienation and Identity in the Work of Marta Traba and Cristina Peri Rossi', y David W. Foster (ed.) *Latin American Writers on Gay and Lesbian Themes*.

'imposible que cupiera en esa caja; ese pensamiento fijo me martirizaba' (117); la enfermera del hospital le informa a Dolores sobre el aborto: '¡Ah, la niña! Pobrecita, casi del todo formada' (123). Al mismo tiempo las instancias de poder rediseñan la ciudad: obligan a un tránsito con desvíos para esquivar puestos policiales; se apropian del espacio público (el río, la pesca, la playa 162); cambian el aspecto visual de las casas (161). Estos mapas de circulación dan una nueva percepción de la subjetividad genérica. La categoría de domesticidad se pone en cuestión. Por un lado, el rol reproductivo de la mujer es un imposible. Mientras la represión elimina a los hijos, los embarazos no llegan a término debido a un impedimento político, por opción (Victoria decide abortar y entrar a la guerrilla como dos hechos relacionados) o por imposición (Dolores sufre un aborto como consecuencia de las torturas). La descendencia está vedada. Se revierte el símbolo convencional del embarazo como esperanza y regeneración. Con una visión profundamente pesimista la novela pronostica la destrucción de una 'generación de mudos' (116). Por otro, la casa sólo puede presentarse en su tradicional rol de refugio como fantasía de los personajes. Aunque los objetos personales de Irene evoquen la seguridad de un hogar, en la escena final de la novela la casa se transforma en una trampa de la que no hay escapatoria.

Los personajes se definen en la búsqueda de un espacio propio en el que se pueda, como la misma Traba afirma en 'Hipótesis sobre una escritura diferente', 'aceptar sus peculiaridades, sin tratar de imponerse en forma invertida, es decir, montándose sobre el contrario' (25). Esa búsqueda aparece tematizada en la insistencia en lo espacial de los títulos de las dos últimas novelas de Traba: *Conversación al sur*, con ese 'al' que indica dirección y puede leerse como un movimiento hacia el espacio por constituirse, y *En cualquier lugar*; y en los viajes de un país a otro de las protagonistas. En su conversación y sus monólogos interiores, Dolores e Irene intentan dar figuración a 'un lugar distinto' (22), como espacio de lo femenino, no sólo en contraposición a la hegemonía patriarcal sino más bien en un contexto en el que la violencia juega un papel predominante.

Dolores define el espacio del sufrimiento engendrado por la violencia como el espacio de su subjetividad y desde el cual la escritura es posible:

> No le había dicho frases concretas, pero le fue traspasando la idea, que ahora veía inocultable, de que todo ese amasijo sangriento de horror y pelos y uñas humanas era el espacio de su vida, un espacio propio; y que la ciega y sorda salvación posterior a la que se agarraba con todas sus fuerzas, carecía de dimensiones si pretendía ignorar aquellos sufrimientos inenarrables. Nada de expiación cristiana, ojo, pero sí el espacio que se ha dado, por las buenas o por las malas y que puede ser realmente inmenso. Si se sabe habitarlo. Si se clarifica. ¿No tenía que situar ahí sus poemas? Se asombró de hacerse esta pregunta y de comprender que ella y sus cosas, que los papeles que escribía metódicamente, que la vida perra que cargaba a cuestas, estaban situados en algún lado. (96)

Como consecuencia del diálogo entre las dos mujeres, Dolores logra salir de la especie de 'limbo' (139) en que se encuentra para recuperar el contacto no sólo con su pasado sino también con el dolor (96). Como afirma Elia Kantaris, esta experiencia inarticulada del sufrimiento, compuesta de fragmentos y que resulta imposible de narrar, provee de una ruptura, una 'zona de silencio', desde la cual es posible empezar a hablar 'desde otro lugar' como la misma Traba propone en 'Hipótesis' (93).

Sexualidad y tortura: 'Cambio de armas' de Luisa Valenzuela

Si bien en 'Recortes de prensa' y en *Conversación al sur* está presente la relación entre sexualidad y tortura, 'Cambio de armas' de Luisa Valenzuela la lleva al extremo. La obra de Luisa Valenzuela comparte con el feminismo francés el énfasis en la necesidad de examinar el lenguaje y las formas de representación que limitan el autoconocimiento de las mujeres y refuerzan la centralidad del poder falogocéntrico. Aunque en sus primeros ensayos y entrevistas Valenzuela afirma que la escritura no tiene sexo, más tarde escribe sobre la necesidad de un lenguaje femenino, aún cuando no se pueda definir con precisión una práctica femenina de escritura.[35] Para Valenzuela, y también para las feministas francesas, la marca de la escritura femenina es la diferencia, es siempre irreductible, siempre otra, en otro espacio. En sus ensayos apela a la búsqueda de nuevos significados en las 'viejas' palabras. En lugar de rechazar el lenguaje falocéntrico, insiste en que las mujeres le den el peso de su propio deseo. Pretender atribuir una nueva 'carga' a las palabras no sólo constituye una problematización del sentido único del lenguaje sino también la posibilidad de localizar en ellas un puesto de resistencia y de apertura hacia la transformación social.

Valenzuela sostiene que las mujeres sólo tendrán control sobre la palabra cuando 'entiendan' su propio cuerpo y que la escritura femenina debe ser conciente del cuerpo y de las fantasías de las mujeres. 'Escribir con el cuerpo' es la fórmula que propone. Las principales exponentes del feminismo francés, Hélène Cixous y Luce Irigaray, también insisten en una práctica de escritura femenina que esté directamente relacionada con el cuerpo. Debido a que tanto el cuerpo femenino como el lenguaje han sido continuamente reprimidos, negados y definidos con significados impuestos por el deseo masculino en el sistema patriarcal, existe una búsqueda en estas feministas por redefinirlos desde otra perspectiva. Aunque Valenzuela encuentra una relación hormonal entre los cuerpos y la escritura, no intenta establecer una voz hegemónica. Considera el feminismo como un espacio que no pretende ser indiferenciado: ni las experiencias ni las fantasías son las mismas para todas las mujeres.

Si por un lado, la obra de Valenzuela es conciente de su materialidad, la

---

[35] Véanse sus ensayos: 'Escribir con el cuerpo', 'La mala palabra', 'Los porteños y sus literaturas', 'The Other Face of the Phallus'.

escritura, por otro, refleja el reconocimiento de que los escritores están inmersos en una sociedad. En su entrevista con Picón Garfield, Valenzuela sostiene que en el momento en que escribió *Cambio de armas* (la colección de cuentos en la que en 1982 aparece publicado el cuento 'Cambio de armas') la violencia invadía todos los aspectos de la vida en Argentina de tal manera que no podía escribirse sobre otra cosa. Los textos de Valenzuela parecen postular que para entender las posiciones sociales del sujeto femenino, necesitamos insertar esta problemática en un contexto sociopolítico más abarcador. 'Cambio de armas' pone en práctica esta ampliación del contexto al hablar sobre una mujer violentamente relegada a la condición de 'desaparecida' en un sentido tanto político coyuntural como social.

La acción del cuento se desarrolla en una casa en la que conviven Laura y Roque. Roque es una figura dominante y Laura, sumisa, sin memoria. Al final del cuento se confirma lo que durante todo el relato se insinúa: esta pareja sadomasoquista está compuesta por una víctima de la represión estatal y su torturador. En la escena final la situación política ha cambiado y Roque, mientras se prepara para escaparse, le cuenta a Laura la historia de la relación entre ellos y le da un arma. Laura apunta y no sabemos a quién. El cuento termina sin que el arma se dispare.

El proyecto escriturario de explorar un lenguaje femenino al mismo tiempo que la preocupación por los avatares políticos, propone en 'Cambio de armas' una puesta en escena conciente del contacto entre tortura y pornografía. Y efectivamente 'Cambio de armas' trabaja con ciertos elementos de la convención del género pornográfico, como por ejemplo la anulación del sujeto femenino, el refuerzo de los valores patriarcales vigentes, la aparente simplicidad en la historia,[36] cuyo propósito es que los cuerpos entren en contacto, y una disolución del resto del mundo exterior, cuya existencia no tiene lugar en la economía del relato. Sumado a esto, la propuesta de la construcción de una erótica en el contexto de una dinámica de violencia patriarcal, parece inscribir a 'Cambio de armas' en el tipo de pornografía 'moral' de la que habla Carter cuando teoriza acerca de la posibilidad de que el pornógrafo sea un crítico de las relaciones entre los géneros:

> Since sexuality is as much a social fact as it is a human one, it will therefore change its nature according to changes in social conditions. If we could restore the context of the world to the embraces of these shadows then, perhaps, we could utilize their activities to obtain a fresh perception of the world and, in some sense, transform it. (17)

El texto de Valenzuela insiste en leer lo sexual en términos políticos. Produce así una politización del género pornográfico: al sobreimponer contextos postula la desigual distribución de poder en el ámbito político y el social como las dos caras de la misma moneda.

---

[36] Para Adorno (Sontag dixit en 'The Pornographic Imagination'), la marca del relato pornográfico es la falta de principio, medio y fin.

El personaje de Laura en 'Cambio de armas' está construido sobre ciertas convenciones del género pornográfico. Como Justine, en la novela de Sade, no parece tener ni voluntad ni inteligencia ni memoria.[37] Justine también vive en un estado perpetuo de asombro, incapaz de aprender de las repetidas violaciones a su inocencia. La memoria en blanco ('cero absoluto', 113), la desnudez y la sorpresa de poder nombrar objetos y deseos (113) caracterizan al personaje de 'Cambio de armas'. Desde el comienzo el cuento pone en escena el cuerpo femenino aún cuando describe una condición mental: la falta de memoria. El primer adjetivo que aparece, en la segunda línea, por un lado da la marca de género y por otro, corporiza esta desposesión: 'desnuda de recuerdos' (113). Laura ha perdido la memoria y el deseo como resultado de la tortura física y las drogas a las que es sometida. Víctima de un experimento conductivista que pretende construir en ella a un sujeto sin conciencia, Laura vive separada de sí misma y de los otros. Sin un referente o contexto con el que establecer asociaciones, para Laura las palabras están vacías de significado. Este quiebre del signo le da una percepción de su entorno en estado de desconstrucción. El mundo de Laura sólo existe como extensión del deseo de Roque. El espacio de circulación de Laura recortado por una barrera vigilada por dos guardianes *voyeurs*, Uno y Dos, y determinada por el ejercicio masculino del poder físico, ideológico y lingüístico, sugiere no sólo la represión militar sino también la represión internalizada que experimentan las mujeres (García-Moreno). Inclusive el único afuera que concibe el horizonte de Laura está dominado por la presencia de Roque: 'Sentada ante la ventana con una estéril pared blanca frente a los ojos y vaya uno a saber qué oculta esa pared, quizá lo oculte a él' (124). Los objetos de la casa en el cuento sirven para al mismo tiempo enfatizar y negar el estatus de Laura como prisionera. La fotografía de la boda en la que Laura tiene una expresión 'difusa' tras un velo (116), y Roque, 'un aire triunfal', se inscribe en esta clave doble. Las llaves sobre la mesa no cumplen con la función de cerrar o abrir puertas, 'no corresponden para nada a la cerradura' sino que 'están colocadas allí como una trampa' (137). La planta, el único objeto que Laura pide, funciona como una metáfora para Laura, cuya memoria crece 'por dentro como una semilla' (129), 'aflora' (122).

El personaje de Roque también sigue las convenciones de género pornográfico. Como los personajes masculinos de Sade, el joven blanco de Kappeler que mencioné anteriormente y el torturador de Scarry, Roque aumenta su ego con la práctica de la tortura. Parece seguir los consejos del monje Dom Clement a Justine: 'a man's vanity may be flattered in a far more piquant manner by harshly denying a woman any pleasure at all and forcing her to minister only to the man's pleasure at the cost of her visible pain' (Sade 142). Sus momentos de mayor violencia contra Laura se producen exactamente para evitarle placer sexual. La mirada forzada de Laura a través de los espejos y la mirada voyeurista de sus guardaespaldas Uno y Dos a través de la mirilla

---

[37] Para Sontag, Justine es el personaje de Sade más prototípico del género pornográfico (53).

de la puerta reafirman la subjetividad masculina de Roque que alardea de sus erecciones frente a ellos.

Instalada en un presente constante, el único vínculo de Laura con el pasado está dado por la inscripción de la tortura en su cuerpo y por las amenazas del recuerdo de su pasado ('mensajes') que somatiza como 'latigazos'. La anulación de la conciencia de Laura hace de su cuerpo un espacio privilegiado que se muestra independiente de su conciencia. El espejo le devuelve una imagen extraña, delineada por las huellas de la tortura. La mirada de Laura recorre la imagen de su cuerpo como si se tratara de una novedad. La forma familiar del yo está alterada. La violencia no sólo modifica la forma del cuerpo de la víctima sino también las formas de comprensión a partir de las cuales se relacionan el yo y el mundo. El cuerpo parece dejar de tener consistencia material y simbólica al irrumpir desde otro registro y alcanza la categoría de una imagen objetivable pero no propia. Aparece en escena la imagen del cuerpo como otro cuerpo, ajeno.

El tacto de Roque configura el cuerpo de Laura y le atribuye un sentido: 'y con la lengua … la va dibujando y ella allá arriba se va reconociendo, va sabiendo que esa pierna es suya porque la siente suya bajo la lengua' (122–3). El torturador se apropia del cuerpo de la víctima, lo modifica y le hace asumir configuraciones a su propia voluntad. Roque remodela a Laura en una imagen estereotípica de domesticidad. Durante el acto sexual, el cuerpo de Laura recuerda la sesión de interrogatorio en un *flashback* repentino y grita un imaginario 'no' que destruye la imagen de Roque en espejo casi como un balazo (115). La protagonista se resiste a identificar la imagen torturada que le devuelve el espejo con un cuerpo que siente placer. Construido por Roque como un objeto sexual, el cuerpo de Laura es presentado como el lugar del dolor, de la humillación pero también del placer. Y es este aspecto que marca una zona de complicidad entre la víctima y el victimario. Los roles no se intercambian pero la víctima contribuye a conformar su estado (Sontag 'Pornographic Imagination'). Laura parece estar más próxima al personaje de O de *La historia de O* que de Justine:

> O is an adept; whatever the cost in pain and fear, she is grateful for the opportunity to be initiated into a mystery. The mystery is the lost of self … O professes simultaneously toward her own extinction as a human being and her fulfillment as a sexual being. (Sontag 57–8)

Como parte de una economía erótica en la que la mujer encuentra su lugar renunciando a su subjetividad, la presencia de Roque 'aquieta' (114) a Laura. Por eso Laura se debate entre explorar las imágenes que la conectan con su pasado ('el pozo') y permanecer en estado de nulidad, y al final del cuento se resiste a que su torturador la abandone. La visión de la imagen de su propio cuerpo expone a Laura un 'conocimiento' (130) que no puede interpretar. El cuerpo posee un saber que permite el acceso a ciertas zonas vedadas a la conciencia, a las que Laura reconoce como 'pozo negro'. Las cicatrices, huellas del pasado, se proponen como nexos o zonas de contacto con la subjetividad.

Como en la cita de Kafka que encabeza este capítulo, la tarea de Laura será 'descifrar' con las heridas.

Aunque la conciencia encuentra en las marcas del cuerpo reflejadas en el espejo un camino de reconstrucción, sólo el lenguaje permite el rescate de la subjetividad. Precisamente cuando Laura intenta describir su pozo, comienza a reconstruir su pasado, no como una experiencia sino como una cadena simbólica. En las palabras que usa, en las metáforas que al revés de como suelen funcionar se convierten en el discurso de lo real, no una construcción del imaginario, comienza a reconstruir su pasado. Empieza a referirse a ese pozo vacío en términos de experiencia vivida (Morello-Frosch 84–5).

El cuento comienza con secuencias cuyos subtítulos, intromisiones autorales, llevan la atención hacia la escritura. Denuncian una semántica en la que, para Laura, los significantes han perdido su sentido original y las formas, su contenido. La sección encabezada con el subtítulo 'Las palabras' representa la disociación de Laura no sólo del lenguaje sino del mundo y de su propio deseo. 'Las palabras' alude también a uno de los temas recurrentes de Valenzuela: el poder a la vez evocativo y represor del lenguaje. En este fragmento se identifica al lenguaje con la memoria: Laura no recuerda los nombres de los objetos ni el suyo propio. En 'Los nombres' se vacía la significación del término 'nombre' asociado a una identidad. Laura se reconoce como 'la llamada Laura' y el torturador es 'el sinnombre' y al mismo tiempo tiene innumerables nombres (Roque, Roberto, etc.), cuya única marca invariable es la de género. La protagonista se presenta como una *tabula rasa* sobre la cual los otros dos personajes inscriben su discurso y sus deseos: Martina le dice que se llama Laura (pero su nombre podría ser cualquier otro, como ocurre con Roque). Una de las palabras que Laura recuerda es 'puerta' y precisamente esta palabra es la que define su identidad actual. Mientras el hombre entra y sale, ella permanece siempre en la casa, sin poder atravesar la puerta. La puerta cerrada la define como 'presa' y al hombre como 'carcelero'. Los dos personajes se relacionan entre sí y se comportan según la posición que ocupan con respecto a esa puerta.

En la sección encabezada con el subtítulo 'El concepto' la memoria es sólo un concepto para Laura: puede percibirla únicamente como una ausencia, como la memoria de una memoria. Laura no cuestiona la realidad ni su propio cuerpo (fragmentado, refractado en espejos) sino el lenguaje mismo, la capacidad de un 'yo' distanciado y distorsionado de expresarse con palabras que mantengan alguna relación con los objetos que la rodean (Castillo). Su memoria del lenguaje permanece intacta pero el lenguaje no le permite establecer relaciones diferenciales.

Al final del relato Laura recupera el significado de las palabras. Después de que Roque le revela su verdadera identidad de torturador y le devuelve la pistola con la que ella intentó asesinarlo, Laura se rearma: 'Empieza a entender algunas cosas, entiende sobre todo la función de este instrumento negro que él llama revólver', recupera su perspectiva, vuelve a poner su ojo en la mirilla y apunta.

Lagos-Pope propone que en esta escena final no se produce el 'cambio de armas': Roque una vez más impone una narración sobre Laura y sigue sustentando el poder. Debra Castillo en su estudio crítico del cuento, discute esta idea al afirmar que el cambio de armas es posible a partir del 'apropiamiento' del lenguaje con el que Valenzuela también insiste en sus ensayos. En mi lectura del cuento propongo ir un paso más allá. Justamente la destreza del relato consiste en dejar esta cuestión sin solución. Al dejar un final abierto, el disparo, que nunca llega a producirse en el cuento, parece más bien estar dirigido hacia afuera del texto y está cargado de interrogantes. Queda como tarea del lector buscar salida a la duda: si la subjetividad femenina puede reconstruirse a través de un uso diferente del lenguaje ¿va a encontrar una forma diferente de construir el sistema de género o va a reproducir una estructura como la que pone a la mujer en el lugar de la víctima?

Políticas de la narrativa

Los textos que analizo en este capítulo no sólo hablan de la destrucción, también proponen un relato de reconstrucción en el que la memoria tiene un lugar predominante. Comparten el interés por rearmar una subjetividad histórica como una manera de denunciar las formas autoritarias del discurso y de la versión oficial de la historia impuesta por el Estado como una narrativa uniforme sin conflictos ni contradicciones. La apuesta política de estos textos consiste en un trabajo explícito con los márgenes de la sociedad –las víctimas, los militantes políticos, los desaparecidos, las mujeres, los exiliados– en un intento por reclamar sus voces silenciadas e incluirlas en la memoria colectiva.

El discurso de los militares dividió a la Argentina en un 'nosotros' hegemónico, nacional e higiénico, encomendado por Dios y por la Patria, y un 'ellos', una Otredad, contaminante y foránea, ligada a 'los peligros del comunismo internacional'. Frente a la estrategia maniquea en la que el estado se legitimó, la escritura de este período asume la función de transgredir las dicotomías tan rígidamente impuestas, rechazando y desarticulando una comprensión normativa de un tipo de identidad que elimina (hace desaparecer) toda diferencia que no puede incorporar en sus términos. Para recuperar las voces de subjetividades diferentes, se acentúan las historias fragmentadas. Las transgresiones literarias que en mayor o menor medida ensayan estos textos, pueden adquirir una función política si se piensa la transgresión como parte de un proyecto de desarticulación de las convenciones dominantes y los modos autoritarios, como un intento de deshacer la lógica unívoca de la dictadura y cuestionar las nociones de verdad (Balderston; Richard *La insubordinación*). También proponen cambios en las formas de representar y percibir. Estos textos exploran la compleja relación entre lenguaje y violencia en su relación con el género e investigan quién controla la posibilidad de ver y hablar en la sociedad Argentina.

En este contexto, la relación entre violencia y espacio se vuelve crucial pues

los espacios sociales se reconfiguran de manera tal que existen zonas autori-
zadas y áreas prohibidas, produciendo así nuevas percepciones de la subjetividad
genérica.

Con aciertos y desaciertos, estas narrativas intentan denunciar los métodos
y la retórica en la que se fundamenta la sistemática obliteración del Otro y se
limitan las posibilidades de alternativas. Se preguntan cómo modificar las
estructuras opresivas existentes en la distribución tradicional de roles sexuales,
aunque cada texto propone una forma diferente de entender la cuestión del
género.

El imperativo ético de denunciar la violencia que leemos en 'Recortes de
prensa' también lo fue del propio Cortázar. Desde los años 60 sus escritos,
ficción y ensayo, insisten en hablar sobre el escritor politizado y la violencia.
En relación a estos temas, Cortázar se convierte en una figura emblemática, en
la voz autorizada que la vanguardia de los 60 canonizó. Para este canon, la
cuestión de género en el tratamiento de la violencia no pudo presentarse como
una cuestión política. En 'Recortes de prensa' el orden preestablecido se
mantiene inmodificado. La relación sadomasoquista que se describe en el
cuento reproduce las relaciones de poder entre mujeres y hombres en el ámbito
social y político. La única zona de ruptura que el texto piensa es el intercambio:
la mujer ocupa el lugar del hombre y viceversa. No se plantea la posibilidad
de un lugar diferente. De manera que el efecto final del cuento es el contrario
al esperado: el conflicto de género se despolitiza.

Tanto *Conversación al sur* como 'Cambio de armas' ponen en evidencia los
mecanismos represivos de la última dictadura militar en Argentina como una
expresión exacerbadamente cruel de una opresión aún más generalizada. El
conflicto político que representan aparece indisolublemente ligado a la marca
de género. En ambos textos la noción de género se vincula a otras formas
sociales de opresión. Sólo que la interrogación en *Conversación al sur* parece
producirse más bien desde la disparidad social que desde la disparidad del
género, como en 'Cambio de armas'. La ficción de Traba no encuentra una
reflexión paralela a la de Traba en sus ensayos acerca de lo femenino. Como
resultado de esta falta de interrogación los personajes de *Conversación al sur*
parecen estar fundados en estereotipos y de allí el fracaso del texto. Dolores,
la militante por excelencia, es masculinizada. Los otros personajes, que llegan
a la política de manera más oblicua, son estereotípicos: Irene es una burguesa
cincuentona preocupada por las marcas del envejecimiento en su cuerpo; Elena
(amiga de Irene y madre de Victoria, otra militante desaparecida) es una mujer
en esencia que va estetizando con su toque los espacios que transita; Victoria
hereda de su madre esta capacidad aunque, en el mundo de la militancia, se
reconoce igual a su padre: eficaz y obsesiva. El texto de Traba intenta la
creación de un espacio propiamente femenino pero el trabajo con los estereotipos interfiere en la tarea. Esta tensión es, quizás, la que provoca la destrucción
final de todos los personajes.

Mientras que la agenda política de Cortázar encuentra sus límites al
confrontar el terreno de lo doméstico, la agenda de Valenzuela, más conciente

de las cuestiones feministas, consiste en establecer una dimensión política en el contexto de lo doméstico. 'Cambio de armas' insiste en analizar el lenguaje y los modos de representación, inclusive el género pornográfico, que limitan el autoconocimiento de las mujeres y refuerzan la centralidad masculina. Este cuento refuerza, como lo haría el 'pornógrafo moral' de Carter, el contexto en el que las diferencias de género se hacen explícitas. La pornografía se convierte en el medio para ventilar problemáticas que se tapan en los foros públicos. Este género puede entonces acoger a otros discursos no aceptados por el discurso político oficial o convencional y adquiere una carga política como discurso de oposición (cfr el caso de Larry Flynt en Estados Unidos[38]). Asignándole una carga nueva a las palabras, 'Cambio de armas' no sólo problematiza la idea de un lenguaje con un sentido único sino que coloca al lenguaje en el lugar de la resistencia y de la apertura hacia una transformación social, en el supuesto caso de que la mujer logre sobrepasar la dificultad de acceder al simbólico reino del lenguaje sin simultáneamente ponerse bajo borradura, arriesgandose a ser malentendida o confirmando las representaciones patriarcales que preexisten en su habla.

---

[38] Larry Flynt, dueño de la revista pornográfica *Hustler*, se convirtió en el adalid de la libertad de expresión en Estados Unidos cuando en 1988 la corte suprema se pronunció a su favor, y en contra Jerry Falwell, en un juicio millonario por una parodia pornográfica y antirreligiosa. La corte suprema validó así, quizás involuntariamente, el rol de la pornografía como expresión política.

III

La violencia después del Estado terrorista: producciones maternas en *El Dock* de Matilde Sánchez y *Los vigilantes* de Diamela Eltit

Los críticos de la producción cultural de la época posterior a las dictaduras en el Cono Sur en general han tomado como eje de análisis la problemática de la cultura del neoliberalismo y las teorías del trauma, la memoria, el duelo y la melancolía.[1] Pese a la apertura democrática después de las dictaduras, afirma el crítico cultural Alberto Moreiras, el pensamiento de la posdictadura resulta 'más sufriente que celebratorio' ('Tercer espacio' 17). Y recupera así, junto con los otros críticos, la figura freudiana del duelo para proyectar los síntomas de la melancolía y de la depresión a la escena de transfiguración estética del arte y de la literatura.

En *The Untimely Present: Postdictatorial Latin American Fiction and the Task of Mourning*, Idelber Avelar sostiene convincentemente que una de las características de la ficción posterior a los regímenes militares, en un clima marcado por una sensación de pérdida e imposibilidad misma de narrar, es su esfuerzo por incorporar aquello que ha fracasado en la historia pero sin lo cual no se puede construir una historia, es decir, la derrota (*the untimely*[2]) (157). El trabajo de Avelar intenta dar respuesta a cómo el duelo, entendido como un olvidar activo, puede volverse una práctica afirmativa o positiva, en un contexto (la posdictadura) que se caracteriza por un olvidar pasivo.

Para Avelar las dictaduras latinoamericanas no deben interpretarse como una disrupción de la tradición democrática sino como un catalizador en el proceso de transición del Estado al Mercado. Desde esta perspectiva, la imposición del olvido, provocada por los intentos de cerrar el pasado asociado con los regímenes militares, tiene un origen no sólo político sino también económico: fue no sólo el resultado de un intento de encubrir los crímenes de las dictaduras sino también el resultado de la mercantilización, donde todo está destinado en

---

[1] Véase entre otros, Idelber Avelar, Nelly Richard, Adriana Bergero y Fernando Reati, Diana Taylor, Alberto Moreiras, Hugo Achúgar, Francine Masiello y los colaboradores de *Revista de crítica cultural* (Chile) y *Punto de vista* (Argentina).

[2] 'Untimely' resulta un término de difícil traducción. Elijo reproducir el sentido que le da la traducción del libro de Avelar publicada por la editorial Cuarto Propio en su título: *Alegorías de la derrota* (no he consultado esta edición en castellano) aunque el mismo Avelar utiliza en otro texto la expresión 'tiempos sombríos' ('Bares desiertos y calles sin nombres', *Revista de crítica cultural* 9 (noviembre 1994): 37).

última instancia a volverse obsoleto. La verdadera transición en el Cono Sur, afirma Avelar, no es la transición a la democracia sino la transición del Estado al Mercado violentamente impuesta por las dictaduras.

Avelar no es el único crítico que considera la continuidad entre dictadura y neoliberalismo. Podría afirmarse que la tendencia en la crítica reciente es analizar el período histórico que se inicia con la década del 70 hasta la actualidad como un mismo proceso con varias etapas. Aunque de diferente manera, tanto las dictaduras como las posdictaduras tuvieron fuertes efectos en el tejido social. En ambos períodos el deterioro de las instituciones y la pérdida de redes de asociación afectaron particularmente a los sectores menos aventajados económicamente, empujándolos hacia los márgenes. La literatura reciente del Cono Sur, y en particular los textos que analizo en este capítulo, expresa este proceso de diversas maneras.

Una de las ideas centrales de *Untimely Present* es que la alegoría es el modo que la escritura de la posdictadura elige no sólo para poder hablar sobre un pasado reciente que el neoliberalismo amenaza con borrar sino para preservarlo en el presente: 'allegory is the aesthetic face of political defeat ... because the petrified images of ruins, in their immanence, bear the only possibility of narrating the defeat' (69). En mi análisis no me detendré en el análisis de la alegoría. Me interesa destacar cómo la inscripción de subjetividades femeninas opera en los textos como resabio rebelde o una forma de utopía (o distopía) a través de la cual se puede no sólo incorporar el pasado sino confrontar la apatía y el olvido del momento en que las novelas fueron publicadas. De manera que estas ficciones estarían encontrando fisuras, formas de resistencia, en el armado de la maquinaria del sistema neoliberal que se asentó en el Cono Sur sobre la violencia del terror y la muerte. Si en el neoliberalismo la muerte y el despojamiento aparecen como naturalizados, como un efecto de las condiciones naturales del juego de la economía, en estos textos se pretende, desde la perspectiva de género, desnaturalizar, mostrar otros ordenamientos posibles.

En este capítulo me propongo en particular explorar la presentación de la figura de la madre y cómo a partir de ella se produce un descentramiento y una reformulación de identidades. Tradicionalmente, la figura de la madre está estrechamente ligada a una retórica que idealiza la experiencia biológica de las mujeres y alimenta la identificación entre lo femenino y la maternidad –uno de los fundamentos del patriarcado. En los textos seleccionados para este capítulo la figura de la madre adquiere otra función: puede también abrir camino a una retórica de la diferencia. La representación de la madre en los dos textos que aquí analizo, *El Dock* de Matilde Sánchez y *Los vigilantes* de Diamela Eltit, se propone como una crítica a la representación del discurso dominante y a la percepción tradicional de lo materno y lo femenino. Lo materno no queda reducido a su función reproductiva ni lo femenino a la esencia de las mujeres sino que se plantean como formas de relación y, como se verá más adelante, subversión.

En los textos seleccionados para este tercer capítulo las familias se componen y descomponen en continuos desplazamientos. Si bien ambas responden a estéticas muy diferentes, las dos proponen una transformación en el código de lo doméstico e intentan nuevas formas de definirlo. De alguna manera recuperan las relaciones familiares y las colocan en el centro del relato, pero ya no garantizan un espacio de pertenencia, como en los textos de Guido y Ocampo que analicé en el Capítulo I. Ese espacio en estos textos exige un ejercicio, una práctica, un hacerse ... o un deshacerse.

Pese a los vientos democráticos tanto en Argentina como en Chile, la violencia en estos textos no se presenta como un hecho del pasado sino que todavía está presente. En *El Dock*, publicado en Argentina en 1993 (a casi 10 años del retorno a la democracia), la violencia sorprende, irrumpe en lo cotidiano y lo altera, deshace una familia y desencadena la configuración de otra, alternativa, a partir de la construcción de relatos.

En *Los vigilantes*, publicada en Chile en 1994 (durante el flamante gobierno de la transición), la violencia sigue siendo una amenaza constante y no proviene sólo desde afuera o desde el campo de lo político: está instalada en el interior mismo de la familia. El Estado no es el único vigilante, también los parientes y el hijo lo son. La figura del hijo representa al mismo tiempo alguien a quien la madre debe cuidar y alguien de quien debe cuidarse.

Antes de analizar estas dos novelas, pondré en diálogo a las figuras de madre que construyen, por un lado, con la circunstancia histórica que modificó la simbología materna en la historia del Cono Sur, más específicamente, con la práctica política de la maternidad así como la emprendieron las Madres de la Plaza de Mayo, y por otro, con cierta crítica feminista que destaca la figura de la madre desde distintas perspectivas, por ejemplo desde el psicoanálisis (Kristeva 'Stabat Mater; Hirsch) o desde una visión más pragmática (Ruddick; Daly y Reddy). Considero que las madres de estos textos se ponen en contacto con otras madres pero ya no con la finalidad de crear una genealogía materna a partir del reconocimiento de la continuidad de la experiencia, los haceres y los deseos, entre generaciones de mujeres. No se trata tanto de enfatizar lazos para crear una cofradía de madres, hijas y hermanas, como lo deseaba el feminismo de los años 70, sino más bien de señalar la violencia y las exclusiones que impone el armado de toda genealogía. Se trata entonces de ensayar 'un nuevo reparto de madres para fundar otro linaje, otra escritura que evoque formas genéricas impuras y sobre todo que pueda exhibir una feminidad que habla desde múltiples lugares de enunciación' (Garabano 96).

Para el estudio de estos textos propongo un recorrido que se inicia en el análisis de la dificultad de definir una subjetividad–madre reflejada tanto en el psicoanálisis como en la ausencia de madres que asumen la posición de narradoras en la literatura; continúa con consideraciones acerca del avance de la maternidad –y sus límites– sobre la política en el contexto de una micropráctica iniciada por las Madres de la Plaza de Mayo; y concluye con una mirada a la negociación con el espacio que exigen estas producciones maternas para poder asignarle a la madre un lugar de enunciación.

La centralidad de la figura materna en estas novelas nos propone interrogarnos acerca de la significación que tiene el hecho de que la defensa de los derechos humanos violados por las dictaduras militares se configure en sus comienzos como un campo de acción predominantemente femenino y también acerca del papel de la figura materna en el contexto político actual.

Producciones maternas

La teoría psicoanalítica ayudó al feminismo a entender las complejas formas en que el individuo internaliza fuerzas sociales y paradigmas de género, pero siempre desde la perspectiva del niño en desarrollo.[3] Hasta la década del 80, el psicoanálisis se caracterizó por silenciar a la madre al negarle subjetividad. Según plantea Marianne Hirsch en *The Mother/Daughter Plot*, el feminismo psicoanalítico de la década del 70 aunque agregó la figura de la niña, no tuvo éxito inscribiendo la perspectiva de la mujer adulta. La mujer adulta que es madre continúa existiendo sólo con relación a su hijo/a, nunca como un sujeto.[4] Y en su función materna, es un objeto, siempre distanciado, idealizado o denigrado, mistificado, siempre representado desde la perspectiva del hijo. En su indagación sobre la relación entre el discurso feminista y el discurso materno Marianne Hirsch señala esta misma problemática como propia aún de la retórica feminista más contemporánea:

> Feminist writing and scholarship, continuing in large part to adopt *daughterly* perspectives, can be said to collude with patriarchy in placing mothers into the position of object – thereby keeping mothering outside of representation and maternal discourse a theoretical impossibility. (163)[5]

En 'Stabat Mater', Julia Kristeva también coincide con la idea de mitificación y objetivación de la madre al señalar que los únicos discursos de la maternidad en la cultura occidental son la religión, que considera a la madre como lo sagrado, y la ciencia, que la reduce a la naturaleza.

Brenda Daly y Maureen Reddy en *Narrating Mothers* también mencionan la falta de textos teóricos o de ficción que tengan en cuenta la perspectiva materna o a la madre como figura principal, es más, afirman que cuando los textos asumen esta perspectiva, los lectores y los críticos tienden a suprimir la centralidad de lo materno (2–3).

Tanto Marianne Hirsch como Brenda Daly y Maureen Reddy en los estudios citados, justifican esta ausencia de la madre en el discurso feminista con los siguientes argumentos: (1) la maternidad es una construcción patriarcal y por

---

[3] Véase Susan Rubin Suleiman, 'Writing and Motherhood'.

[4] Sin abundar en el tema, tal es el caso de Nancy Friday, *My Mother/My Self: The Daughter's Search for Identity*.

[5] De este tipo de escritura Hirsch exceptúa a las psicoanalistas francesas Cixous, Irigaray y Kristeva y algunas anglo como Chodorow y Benjamín, quienes demuestran la necesidad del psicoanálisis como un instrumento de una visión de la diferencia, de un modelo de formación de la subjetividad femenina y de una especificidad femenina que redefina visiones auto-denigrantes (131).

eso las mujeres identifican a la madre con la víctima y el martirio; (2) la escritura feminista demuestra cierta incomodidad frente a la vulnerabilidad y la falta de control características de la maternidad; (3) la ambivalencia feminista en relación con el poder, la autoridad y la ira que produce la separación entre el discurso feminista y el discurso materno.

Tradicionalmente la literatura argentina le ha atribuido a la madre una presencia distante, estereotipada, como las santas y sufridas de las letras de tango, las casamenteras o brujas de Roberto Arlt, las distinguidas, abocadas a lo religioso y recluidas de las clases altas de los textos de Norah Lange, Beatriz Guido y las hermanas Silvina y Victoria Ocampo. Aún en estas escritoras y otras cuyo proyecto escriturario está ligado a la inscripción de un yo femenino, la primera persona descarta el registro que podría darle una figura de madre y privilegia la perspectiva de hija. En la literatura del Cono Sur la escritura y la maternidad parecen oponerse. De manera que las dos novelas que analizaré en este capítulo estarían llenando un vacío al poner en primer plano –al asignarle un yo– al personaje de la madre.[6] Este mismo gesto se advierte en dos colecciones de cuentos escritos por varias autoras contemporáneas, cuyos títulos sugieren una relectura de la figura materna como exceso o posibilidad: *Salirse de madre* de Alicia Steimberg et al., publicada en Argentina en 1989, y *Salidas de madre* de Isabel Allende et al., publicada en Chile en 1996.

Tanto *El Dock* como *Los vigilantes* reflejan la puesta en crisis de ciertos modos de convivencia social y familiar. En ambos relatos la violencia pone en tensión el discurso social en torno a la simbología de la madre. Escritas en el contexto de gobiernos democráticos recientemente constituidos, parecen proponer que pensar en identidades femeninas después de las dictaduras militares requiere cierta indagación acerca de la figura materna. Sin esta indagación, ¿cómo se podría pensar la constitución de subjetividades femeninas en una coyuntura política en la que la 'maternidad social' propiciada por un grupo de mujeres reunidas en una Plaza de Buenos Aires le dio una nueva significación a la simbología materna?

Siguiendo el trabajo *Madres y democratización de la familia en la Argentina contemporánea* de Beatriz Schmukler y Graciela Di Marco, por 'maternidad social' entiendo un tipo de participación comunitaria de las mujeres que incorpora los elementos del cuidado del otro que caracterizan a la maternidad tradicional pero que dejan de lado el aislamiento y la devaluación de la figura de madre. Este accionar se ocupa de la supervivencia cotidiana en el trabajo colectivo y redefine así la maternidad, haciéndola pública, transformándola en un problema común, oponiéndose a los intereses del Estado. Las manifestaciones de este accionar son múltiples y se ubican en distintos puntos del espectro político: van desde la protesta simbólica de cacerolazos anti-allendistas propiciados por Poder Femenino en el Chile pre-pinochetista, a la

---

[6] Nora Domínguez señala la novedad de esta indagación: 'las narradoras que retoman estas figuras de madre, en general, eligen para ellas lugares apartados del sistema de reproducción social, las que se autorrepresentan escribiendo nunca aparecen como madres' ('El desorden materno' (1994) 7).

organización de comunidades para generar servicios sociales (ollas populares, guarderías infantiles y centros de salud) en respuesta a la crisis económica, pasando por el modelo paradigmático de los reclamos de las Madres de la Plaza de Mayo en Argentina. En *Palabra dicha: escritos sobre género, identidades, mestizaje*, Sonia Montecino propone como eje articulador de este tipo de experiencia de las mujeres el desplazamiento entre la casa y la calle, como dos espacios de sociabilidad diferentes (80). Durante las dictaduras, la maternidad salió de la casa a la calle en un gesto a partir del cual se puede pensar a la casa como lugar de congregación y reflexión sobre la condición general (y también la propia, de género) (85) y a la calle como lugar de 'resistencia doméstica'.

La violencia y la destrucción conformaron el espacio de aparición de las organizaciones que aunque practicaban una maternidad colectiva, no rechazaban el paradigma hegemónico de la feminidad–maternidad sino el carácter de la maternidad como un acto sacralizado y privado. Estas organizaciones mostraron la articulación entre mundo público y privado, entre maternidad y ciudadanía, y contribuyeron a desestabilizar el régimen militar.

En *Maternal Thinking* Sara Ruddick introduce una perspectiva pragmática al análisis de la maternidad, haciendo énfasis en lo que las madres hacen y no en lo que son. Ruddick encuentra en el pensamiento materno un potencial político. Define la maternidad como una práctica que hace que el cuidado de los hijos sea la responsabilidad primaria. Sostiene que aunque no hay motivos para creer que un sexo sea naturalmente más capaz de ser maternal que el otro, a través de las culturas y la historia, la mujer y lo materno han sido asociados conceptual y políticamente (41). Para Ruddick, a partir de las demandas de preservación, crecimiento y aceptabilidad social que constituyen el trabajo materno se desarrollan algunas actitudes metafísicas, capacidades cognitivas y concepciones de virtud que caracterizan el pensamiento de las madres (y hace todas las salvedades posibles: estas demandas varían de cultura en cultura, algunas personas no desarrollan estas cualidades y no todas las madres son personas virtuosas o hacen bien su trabajo). Ruddick afirma que las mujeres pueden aprovechar políticamente el punto de vista materno y que el accionar de las madres de los desaparecidos en Latinoamérica es un ejemplo del uso de conceptos maternos como la primacía de la vida, y la conexión entre el yo y el otro puede volverse una causa política (225, 229). Ruddick sostiene que como las madres están constantemente maniobrando las tensiones entre conexión, separación, desarrollo, cambio y limites de control (131), el pensamiento materno puede ser un punto de partida para criticar otros tipos de pensamiento como el militar.

Las Madres de la Plaza de Mayo transformaron la maternidad en una forma de ciudadanía marcada por el género y demostraron que el proyecto democrático necesitaba formas de ciudadanía sexualmente diferenciadas. Iniciaron su movilización política a comienzos de los años más oscuros del gobierno militar, participaron en la transición a la democracia y aún hoy continúan con los reclamos por la violación de derechos humanos. Durante todo este tiempo su organización pasó períodos de apogeo y decadencia en términos de popularidad. En 1986 la organización se dividió en dos ramas: la liderada por Hebe de Bonafini y el grupo Línea Fundadora. La larga lucha de estas agrupaciones en defensa de los derechos humanos ha inspirado a agrupaciones de madres en todo el mundo. En marzo de 1994, la rama liderada por Bonafini invitó a militantes de todo el mundo a participar de un encuentro (Guzmán Bouvard). Muchas de las representantes que asistieron pertenecían a organizaciones de madres de los más variados rincones del planeta (Chernobyl, Brasil, España, etc.) abocadas a reclamos por la salud, la desaparición, el asesinato, la prostitución de niños de la calle, el tráfico de drogas, etc. Este encuentro confirmó que la maternidad como punto de partida de la militancia política tiene ahora múltiples organizaciones alrededor del mundo.[7] Este tipo de movimiento sigue siendo profundamente ético y no negociador, se levanta como un contramodelo al sistema de partidos y a una clase política que se esfuerza en consolidar el modelo neoliberal y no puede dar respuestas satisfactorias a las demandas sociales. Por otra parte, el tipo de práctica de la militancia de las Madres tuvo un efecto renovador en la escena política del Cono Sur. Enseñó a ocupar los lugares públicos de una manera innovadora. Los jubilados, las mujeres que luchan por la despenalización del aborto, los que reclaman la investigación y castigo de los crímenes impunes de la policía y los atentados anti-semitas, tienen establecidos días fijos de manifestación. Esa práctica ritual de las rondas en la Plaza de Mayo los jueves opera como modelo de los movimientos sociales marginados por el Estado.

Los espacios ganados durante las dictaduras por agrupaciones con militantes mayoritariamente mujeres tienen como consecuencia la creación de cuotas de bancas asignadas a mujeres en las legislaturas y de instancias gubernamentales como el Servicio Nacional de la Mujer en Chile y la Secretaría de la Mujer en Argentina que representan los intereses de la mujer, aunque con cierta cautela, particularmente frente a los foros internacionales.[8]

Las ficciones que analizaré más adelante proponen cierta continuidad con el accionar político de las madres que en el campo de la política local está en retroceso. A pesar de su militancia durante los períodos álgidos, las madres y

[7] Otro ejemplo es Women in Black, una agrupación de madres del este de Los Angeles. Véase también *Revolutionizing Motherhood: The Mothers of the Plaza de Mayo* de Marguerite Guzmán Bouvard y 'Mexican-American Women Grass-Roots Community Activists: Mothers of East Los Angeles' de Mary Pardo.

[8] En 'Para (re)producir a la madre. Políticas públicas y producción cultural de mujeres en la neovanguardia chilena', Raquel Olea comenta que en 1995 cuando se trataba de aprobar el documento del gobierno chileno para la Cuarta Conferencia Mundial de la Mujer en Beijing, 'se volvieron a romper los consensos políticos articulados desde la coalición de gobierno'. Cinco años después en 'Beijing + 5' en junio del 2000 en Nueva York, el representante argentino, con un discurso aggiornado en el que incorporó la palabra 'género' en reiteradas oportunidades, se mostró hesitante a defender los derechos sexuales y reproductivos de las mujeres; ratificó el compromiso de la Argentina 'con la salvaguardia y la defensa de la vida humana desde la concepción hasta su término natural' (http:/www.pagina12.com.ar/2000/00–06/00–06–09/pag17.htm).

la perspectiva de las madres no tienen un lugar en la estructura formal de la política. Con los procesos de democratización los movimientos de madres tienen un rol menos visible en la imagen pública. El hecho de que la función de las mujeres como madres se prolongue en el espacio público puede ser leído como síntoma de una escena política determinada. Aunque las Madres de la Plaza de Mayo sean modelo de accionar político en el ámbito mundial y sean adalides de la lucha por los derechos humanos, el escenario político local no las considera un interlocutor de peso[9] y ellas mismas se apartan de algunas acciones políticas en las que traicionarían su militante apartidismo o asume posiciones políticas radicalmente extremas. En la participación partidaria la simbología de la madre pierde su peso y su fuerza de transgresión y cambio 'queda suspendida en los bordes de nuestro inconsciente' (Montecino 86).

Uno de los motivos que dificulta la posibilidad de hacer visible la militancia de las mujeres en procesos de transición y por lo tanto también la perspectiva de género en la actividad política cuando se trata de redefinir la seguridad y planificar la reconstrucción y la transformación de la sociedad, es que las mujeres mismas ven su actividad como no política y como una extensión de sus preocupaciones domésticas (Elshtain). La militancia de las madres se da en el espacio informal de la política, y pasada la crisis que desencadena su participación, queda marginada del espacio formal. Si por un lado la maternidad promueve la movilización política de las mujeres, por otro también constituye su limitación.

Género y genealogía

En febrero de 1993, el mismo mes en que se terminó de imprimir *El Dock*, el periódico *Clarín* de Buenos Aires convocó a cinco narradores argentinos de 'diferentes edades y tendencias' a comentar bajo el título 'Borges y nosotros' 'la inevitable marca que ha dejado la obra del gran poeta y cuentista argentino'. En ese marco, Matilde Sánchez, la única mujer entre los cinco elegidos, reflexiona sobre el lugar de las mujeres en la literatura argentina:[10]

> El canon es cosa de varones. Las mujeres sentimos hacia él una mezcla singular de veneración y recelo. En el reino de la tradición, al que no estamos convocadas, *sólo hemos sido intrusas, terroristas, testigos molestos* [sic]. A estas alturas para una mujer es *improcedente, tampoco interesante*, calcular una *herencia*, aunque sea simbólica, habiendo tantos que se imaginan *primogénitos*. Contra las bellas letras de Borges, contra su modelo de un mundo en extinción, *prefiero aceptar legados antiejemplares, hechos de retazos, una literatura sin saber, una literatura sin aura*. Yo no hago caso de Borges, yo

[9] Quizás Hebe de Bonafini sea la única que hace declaraciones políticas más allá de los derechos humanos. Sus declaraciones suelen ser muy controversiales y difícilmente tienen apoyo de algún sector político.
[10] Los otros 'nosotros' son Andrés Rivera, Luis Chitarroni, Héctor Tizón y Alan Pauls.

sigo revisando en las tranquilas mañanas de Palermo una indecisa traducción de fragmentos de Marguerite Duras, que me ha salido como rimada en octosílabos, no sé, en un tono cómicamente *cimarrón*, que no me detengo a indagar de dónde procede' (*el énfasis es mío*).[11]

Matilde Sánchez desarma así la genealogía de la literatura argentina predominantemente masculina y, saltando barreras nacionales, construye una nueva asociación basada en la marca de género: 'Yo no hago caso de Borges yo sigo revisando en las tranquilas mañanas de Palermo una indecisa traducción de fragmentos de Marguerite Duras'. Borges no, Duras sí (pero repitiendo el gesto borgeano y llevando a cabo su literatura 'cimarrona' sin tradición ni linaje desde Palermo, el barrio de Buenos Aires sobre el que Borges funda su literatura y recurriendo como lugar de enunciación a la figura borgeana de la 'intrusa').[12] Si para la cultura occidental las tradiciones que las genealogías han armado han sido excluyentemente masculinas pues la mujer estaba fuera tanto de la autoridad como de las herencias culturales, Matilde Sánchez renuncia al puesto de heredera o de hija ('es improcedente, tampoco interesante, calcular una herencia') y elige el de 'intrusa, terrorista, testigo molesto' con 'legados antiejemplares, hechos de retazo' relacionados con 'una literatura sin saber, una literatura sin aura' cuyo tono es 'cimarrón'. Sin embargo, aunque se inscriba como desheredada no abandona la familia. Propone entonces la irrupción de las mujeres en la tradición literaria argentina con otra estructura familiar: 'Borges no podía ser mi padre sino mi abuelo.' Y con este distanciamiento no se refiere a la diferencia generacional que los separa sino a la forma en que accede a su literatura, de la mano de sus 'parientes' putativos (tíos, quizás, como querrían los formalistas rusos): 'uno aprendía a leer, no con Borges sino con aquellos que luchaban entre sí por la estabilización de un sentido. Los aspirantes no discutíamos en torno a sus ficciones, sino en torno a Jaime Rest y Silvia [*sic*] Mohillo.' La belicosa nueva asociación literaria desplaza la formación del canon del parámetro de la herencia, y rearma una 'genealogía' sin seguir cronologías ni afectos ni lealtades nacionales sino los movimientos del pensamiento crítico. La falta de herencia no tiene un efecto negativo sino liberador; da independencia; deja abierto un campo de asociaciones; gesta solidaridades nuevas en una clase intelectual que incluye de manera desigual a sus miembros. La ausencia de parientes permite arrebatarle la propiedad cultural al otro, entrar a la 'lucha' por el poder de la palabra desde cualquier lugar, aún desde el lugar 'sin aura' auspiciado por la escritura femenina, el lugar de lo desplazado, sin tradición, sin legado.

[11] Matilde Sánchez, 'La muerte de un abuelo' en 'Borges y nosotros', *Clarín*, 11 Febrero 1993: Suplemento cultural.

[12] Véase entre otros textos de Borges *Fervor de Buenos Aires* y en particular, el poema 'Fundación mítica de Buenos Aires'.

Género y espacio

La figura de 'intrusa' de Matilde Sánchez como una modalidad de lucha no sólo reestructura el sistema literario sino que está proponiendo un tipo de negociación con el espacio. Negociación que la misma Sánchez parece estar haciendo con su propia imagen en la fotografía de la solapa de *El Dock*. La escritora posa en esa fotografía delante de un árbol. Su mirada y su postura corporal responden al avance de las hojas del árbol sobre su cuerpo. La foto llama la atención. No muestra la esperable imagen de seguridad de una joven escritora que ha publicado su segunda novela sino más bien, la de alguien en conflicto con su espacio. La intrusa es la que se mete en donde no la llaman, la que atraviesa y transgrede propiedades. De esta forma, esta figura alude también a la circulación de un espacio a otro y al riesgo que conlleva esa circulación: ser vulnerable, quedar expuesta, transformarse en un espectáculo, ser descubierta en un acto ilegítimo, impropio.

En *Throwing Like a Girl*, cuando Iris Marion Young reflexiona sobre la percepción del cuerpo propio (163), encuentra una correlación entre la preocupación de las mujeres por su cuerpo y su sensación de no tener un espacio. Como John Berger en *Ways of Seeing*,[13] Young afirma que la amenaza de ser mirada y juzgada es uno de los procesos de objetivación al cual el cuerpo femenino es constantemente sometido. Agrega a esto que la constitución del cuerpo femenino como objeto para ser mirado lleva a las mujeres a sentirse como puestas en un espacio ajeno. Las mujeres ven su cuerpo como si se tratara de un objeto colocado entre otros objetos en un espacio que no es propio, en un territorio extranjero. La sensación de corporalidad de las mujeres hace que el espacio sea percibido como una mirada penetrante: 'location is about vulnerability', sostiene Donna Haraway (196). El espacio se vuelve peligroso, negociable, una escena de lucha.

Las mujeres y el espacio han estado conceptualmente relacionados desde hace larga data.[14] Debido a que el espacio es percibido como inacción (como antítesis de lo político), tanto la mujer como lo espacial están relegados al ámbito de lo no político. Las insistentes referencias al espacio de la crítica feminista demuestran lo que los geógrafos sociales de la década del 70 sostenían: el espacio es una construcción social y no algo dado, inmodificable.[15] En la

---

[13] 'Men look at women. Women watch themselves being looked at. This determines not only most relations between men and women but also the relation of women to themselves. The surveyor of women in herself is male: the surveyed female. Thus she turns herself into an object – and most particularly an object of vision: a sight' (John Berger, *Ways of Seeing* 47).

[14] Me refiero aquí no sólo a la tendencia del siglo XIX que se continúa hasta el siglo XX de atribuirle a los paisajes y la patria características femeninas, sino también a análisis semióticos como el de Teresa de Lauretis del relato edípico en *Technologies of Gender*, que ya comenté anteriormente.

[15] A comienzo de los 70, el geógrafo francés Henri Lefebvre predijo un cambio en el análisis crítico del predominio de las relaciones históricas al predominio de las relaciones espaciales. Su énfasis en la producción del espacio, entendido como un objeto emergente

escritura de las feministas contemporáneas, cierto lenguaje relacionado con lo espacial funciona como una metáfora que organiza el discurso. Términos como 'espacio', 'lugar', 'margen', 'centro' son recurrentes.[16] Cuando la crítica feminista alude a la exclusión de las mujeres de la estructura de poder, se refiere a un 'desplazamiento' o una 'marginalización', es decir, a la negación de un espacio o a un espacio retóricamente construido como algo negativo, como un no-lugar. De la misma manera, si habla sobre el acceso a formas de accionar en el poder recurre a expresiones como 'apropiación del espacio', es decir que se plantea la lucha por la presencia y el uso de la voz en términos de ocupación o revalorización de un espacio existente o de la creación de un nuevo espacio.

Las metáforas relacionadas con el espacio adquieren en la escritura feminista diversas formas: indefinidas, sin nombre, abstractas (un espacio), en relaciones de oposición (el margen o la periferia vs el centro), una forma definida (el cuerpo, la frontera, el hogar), un desplazamiento (nomadismo). Las feministas han asumido como parte de su trabajo crear o apropiarse del espacio abstracto, modificar las relaciones de oposición espacial (hacer del margen un centro), valorizar los espacios devaluados (la casa, por ejemplo) para poder encontrar, desde ellos, formas de accionar en el poder. Todos estos espacios se redefinen, se negocian, se ponen en cuestión constantemente, no son una realidad fija ni totalizadora. Comentaré brevemente algunos ejemplos que plantean explícitamente la articulación entre la escritura de mujeres y el espacio.

En *Borderlands/La Frontera*, Gloria Anzaldúa usa 'la frontera' como figura del lenguaje y de esa manera no alude tanto a la frontera literal, el lugar geográfico desde donde escribe (entre México y Estados Unidos), sino más bien a las fronteras metafóricas que cruzan su identidad, las fronteras entre los diferentes mundos en los que habita como chicana, bilingüe, lesbiana. Anzaldúa coloca a la mujer perteneciente a las minorías en un espacio móvil y en conflicto, en los intersticios de los mundos en que habita (20). En Anzaldúa el signo negativo del espacio y la identidad tiene una expresión extrema: 'I have so internalized the borderland conflict that sometimes I feel like one cancels out the other and we are zero, nothing, no one' (20).

Adrienne Rich, en su ensayo 'Notes toward Politics of Location', se plantea una forma de entender, actuar y articular el espacio en que habita. Describe su cuerpo como un lugar políticamente marcado, que le permite distintos puntos

más que preexistente, coloca su pensamiento dentro del discurso crítico de la posmodernidad en torno al cuerpo en la sociedad en el capitalismo tardío. Véase Henri Lefebvre, *The Production of Space*. En relación a este tema puede consultarse también Neil Smith, *Uneven Development: Nature, Capital, and the Production of Space*.

[16] También la insistencia en lo espacial (vs lo histórico) es una de las características principales de la posmodernidad. La asociación entre feminismo y posmodernismo ha sido profusamente analizada por la crítica. En 'Feminism: The Political Conscience of Postmodernism?' (160), Laura Kipnis llega a asignarle al feminismo la atribución de discurso político paradigmático de la posmodernidad. Entre otros, también véanse los artículos de A. Huyssen, C. Owens, y la introducción de L. Nicholson en Linda J. Nicholson (ed.), *Feminism/Postmodernism*.

de vista y de acción (*Blood* 210–31): si por un lado el hecho de ser blanca le permite ocupar un lugar socialmente privilegiado, por el otro, ser mujer, judía y lesbiana la ponen en desventaja. Consciente de su privilegio racial, Rich reconoce 'the meaning of my whiteness as a point of location for which I needed to take responsibility' (219). Este privilegio simultáneamente le permitió y le negó circulación por ciertos lugares y espacios: desde la sección blanca del hospital donde nació, a los centros de teoría feminista y el exilio o la aniquilación durante la Segunda Guerra Mundial. La yuxtaposición entre su situación de privilegio y de desventaja en una sociedad racista, clasista y heterosexual tiene para Rich una particular interrelación: 'Recognizing our location, having to name the ground we're coming from, the conditions we have taken for granted – there is a confusion between our claims to the white and Western eye and the woman-seeing eye, fear of losing the centrality of one even as we claim the other' (*Blood* 219).

El espacio del hogar también se plantea como punto de partida de la lucha por mantener la diferencia. En palabras de Anzaldúa: 'if going home is denied me then I will have to stand and claim my space, making a new culture –*una cultura mestiza*– with my own lumber, my own bricks and mortar and my own feminist architecture' (22). De esta forma revaloriza un espacio que bajo el discurso hegemónico no es un espacio de poder.

Los movimientos por el espacio también son analizados por la crítica feminista, siguiendo a Deleuze y Guattari y su concepción de nomadismo, como una estrategia contra las restricciones y el control. El nomadismo permite comportamientos y expresiones consideradas fuera de lo normativo. Deleuze y Guattari se refieren a los traslados de los mongoles por Asia en el siglo XIII y otros pueblos como los berberes para quienes el nomadismo era una práctica opuesta al Estado en formación. Sus sociedades existían bajo una lógica diferente a la dominante entre quienes se reunían en torno a una ciudad. Deleuze y Guattari extienden el concepto de nomadismo a otras áreas para señalar las tensiones entre los modelos establecidos y las prácticas contestatarias. Rosi Braidotti extiende aún más este concepto y lo transforma en una 'conciencia nómade', una forma de resistir la asimilación u homologación en las formas dominantes de representar el yo (25), y en un 'estilo nómade' definido como la mejor forma de buscar figuraciones feministas, es decir, representaciones de la experiencia femenina que no podrían encuadrarse fácilmente en los parámetros del lenguaje falogocéntrico (60).

La irrupción del cuerpo de la intrusa: *El Dock* de Matilde Sánchez

En 'El desorden materno' la crítica Nora Domínguez encuentra otra forma de parentesco para clasificar la obra de Matilde Sánchez que, a diferencia de la propuesta de la misma Sánchez, deja de lado el campo de lo literario pero insiste en la articulación de una estructura familiar: 'la novela de Matilde Sánchez, *El Dock*, es la hija de las Madres de Plaza de Mayo'. Y justifica este linaje: (1) porque la representación de la madre en la Argentina posterior a la dictadura del 76–83 implica acudir al imaginario materno de las Madres; (2) porque las protagonistas tienen la edad de las hijas de las Madres; y (3) por el hecho de que Matilde Sánchez es la biógrafa de Hebe de Bonafini, la presidenta de una de las asociaciones de las 'Madres de Plaza de Mayo'.[17]

A riesgo de negar a la madre la posibilidad de representación, como ya señalé anteriormente, Domínguez elige posicionar a la novela en el lugar de la hija.[18] Sin embargo, *El Dock* descarta a la hija y opta por la madre. La novela es una problematización de la figura materna. El texto comienza como una reformulación de las 'intrusas, terroristas, testigos molestos' que aparece en el artículo de Matilde Sánchez citado anteriormente.[19] La novela abre con un episodio en el barrio de 'El Dock', una construcción imaginaria de otro barrio porteño en donde en enero de 1989 ocurrió un estallido similar al que se describe en la novela, que conmocionó a la Argentina no sólo por su violencia sino por lo inusitado del evento: un grupo civil armado invadió el regimiento de La Tablada, localizado a pocos kilómetros del centro de la ciudad de Buenos Aires. En una primera instancia, después de que estos hechos ocurrieron, tanto los medios de difusión como la opinión pública pensaron que se trataba de un levantamiento militar más dentro de una seguidilla (el gobierno democráticamente elegido de Alfonsín había sufrido otros tres desde su asunción en diciembre de 1983). Estos levantamientos a cargo de un sector militar de cuadros intermedios, conocidos como 'carapintadas', fueron decisivos para la puesta en vigencia de la Ley de Punto Final con la que se limitaron los juicios contra quienes abusaron de los derechos humanos durante la dictadura militar y por la que sólo pudo condenarse a los miembros de las Juntas militares. En una segunda instancia, la opinión pública argentina pensó que se trataba de otra maniobra de las decaídas fuerzas armadas para atraer simpatías civiles. Finalmente llegó desde el Uruguay un comunicado en el que los asaltantes del regimiento se autoidentificaron como el Movimiento Todos por la Patria (MTP) y justificaron su accionar como un intento de desbaratar un complot golpista de los militares contra el gobierno constitucional. Este episodio nunca quedó del todo esclarecido pero evidentemente se trató de un intento de modificar relaciones de poder.[20]

---

[17] Hebe de Bonafini, *Historias de vida* (ed., redacción y prólogo de Matilde Sánchez).

[18] Las mismas Madres de la Plaza suelen repetir este gesto con su auto-proclamación de ser 'hijas de nuestros hijos'. Con esta nueva genealogía, las Madres señalan a sus hijos como el origen de su accionar en lo político. Revierten la estructura familiar pero no la abandonan.

[19] Es curiosa la falta de concordancia de género entre 'mujeres' y el adjetivo 'molestos' atribuido a un sustantivo como 'testigo' que en este caso es femenino. ¿Acto fallido?: cuando se les asigna a las mujeres una posición que autorizaría la enunciación, el adjetivo se masculiniza.

[20] Frank Graziano comenta este episodio en *Divine Violence: Spectacle, Psychosexuality and Radical Christianity in the Argentine 'Dirty War'*. Los militantes del MTP que sobrevivieron al asalto fueron juzgados y actualmente cumplen condena. Hubo treinta y nueve muertos y tres desaparecidos. Veintiocho de los muertos pertenecían al MTP y once al

En la novela, los hechos de El Dock, también enigmáticos, articulan un presente abúlico, desmemoriado, y las historias de los silenciados por la historia oficial. En este sentido propone una actualización del pasado, o mejor, se pregunta cómo emerge lo nuevo a partir de la memoria, cómo puede construirse la memoria maternal y simbólicamente.

Resumidamente, la novela cuenta cómo la narradora, a punto de ser operada para evitar una enfermedad cuyo nombre nunca se menciona, se entera de los sucesos de El Dock, a través de las noticias transmitidas por televisión. Después de algunos días de estar al tanto de la información, se da cuenta de que una de las atacantes del regimiento, que 'optó por su propio exterminio' hacia el final de la batalla y de la cual sólo se sabe su nombre de guerra, Poli, es su amiga de infancia, de quien se había distanciado. Forzada por una vecina de Poli, la protagonista de la novela entra en contacto con Leo, el hijo de la guerrillera de 'unos diez años' y decide hacerse cargo de él hasta que lo reclame su familia. Pero esto nunca ocurre. El intento de reconstruir la historia de la muerta lleva a los personajes a viajar de Buenos Aires a Solís (Uruguay) y finalmente tiene como resultado la construcción de una nueva historia: la relación entre Leo, el niño, y el personaje sin nombre de la narradora. La historia que relata esta novela podría enunciarse como un *bildungsroman*, como un 'hacerse madre' de la narradora. La maternidad en la novela no se define desde una perspectiva biológica sino como un proceso. Esta improvisada madre se presenta como un sujeto constituido en una relación particular con la realidad social, la sexualidad y la experiencia histórica.

En la novela, el copamiento de El Dock coloca un cuerpo femenino en un espacio masculino: las cámaras de televisión registran a una mujer agonizante, una intrusa, en un destacamento militar. Cuando la narradora percibe a través de los medios de difusión que estos hechos 'trastornaron la rutina policial, militar y civil' (9), está a punto de ser sometida a una intervención quirúrgica que no deja marcas en el cuerpo y que le evitará una enfermedad potencialmente peligrosa (los lectores no conocemos ni el nombre de la enfermedad ni el de la narradora pero seguramente sí podemos evocar la metáfora que el

ejército y la policía. Los desaparecidos son del MTP. Los quince presos por el copamiento recibieron condenas a perpetuidad. Cinco tienen libertad vigilada, dos cumplen su condena en España, luego de un tratado entre ambos países, y seis viven obligadamente en el exterior. En la evaluación anual sobre los Derechos Humanos de 1999, el Departamento de Estado de los Estados Unidos manifestó su preocupación por el funcionamiento de la Justicia argentina. El caso de La Tablada es uno de los hechos que fundamentan esa crítica con una mención especial a la situación del monje franciscano Fray Antonio Puigjané, que aunque no participó en el momento del copamiento fue condenado y es considerado por Amnesty Internacional como 'preso de conciencia' (*Página 12*, 2 Marzo, 2000). En diciembre de 2000 el entonces presidente argentino Fernando de la Rúa firmó un decreto de reducción de sentencia después de 116 días de ayuno de los detenidos y de los reclamos de la Comisión Interamericana de Derechos Humanos (CIDH) de la Organización de Estados Americanos (OEA) y de personalidades de renombre internacional como los premios Nobel Saramago, Grass, etc.

Proceso utilizaba para referirse a sus opositores: 'cáncer social'). A partir de las imágenes del copamiento de El Dock que le llegan a través de los medios de difusión su privacidad se ve afectada por las convulsiones de la vida política. Se convierte en su centro de atención hasta que momentáneamente la otra operación, la del cuerpo propio, la retira de los medios. La separación entre la mujer de la televisión 'que había optado por su propio exterminio' (19) y la televidente anestesiada, disasociada del mundo (34), se verá resquebrajada. Los actos de la intimidad son atravesados por las imágenes del exterior.

En *El Dock* la experiencia de la violencia está mass-mediatizada. Irrumpe como un espectáculo de imágenes en la televisión y en los diarios e invade los comentarios de la opinión pública. La violencia de la cirugía en el cuerpo propio de la narradora no deja marcas y desplaza sus efectos hacia el cuerpo social.

El copamiento de El Dock en la novela marca una doble irrupción. Si por un lado habla de un episodio de violencia cuando ya ese tipo de violencia se creía terminado, por otro, coloca un cuerpo femenino en un espacio masculino y lo somete a los miles de ojos que las cámaras representan. Las imágenes de la violencia en el Dock son las imágenes de este cuerpo femenino agonizante. En el juego de invasión y representación que las imágenes de la televisión crean, el relato se detiene en la descripción del cuerpo de esa mujer y en la disociante experiencia de la agonía manipulada como espectáculo. 'La última imagen de uno mismo que nadie tiene', como señala la narradora refiriéndose a la mujer agonizante, es fragmentada y repetida incansablemente frente al grupo social. La televisión no sólo coloca el cuerpo de la mujer en el espacio de lo público sino que lo condena a él: la combatiente destrozada se convierte en una imagen de mujer pública, penetrada por la cámara.

> la cámara se aproximaba a su cuerpo, un caos de miembros inconexos y autónomos, ... se le acercaba sin el menor pudor como si quisiera penetrar en los cortes, penetrarla toda con su ojo obsceno. (15)

El Dock empieza en dos espacios al mismo tiempo. El destacamento militar en donde agoniza una mujer y el departamento en donde la otra mujer, la narradora de la novela, se prepara para una intervención quirúrgica y a donde después vuelve a recuperarse de su operación. La narradora insiste en que es la circunstancia de su enfermedad (a la que llama 'azar'), la que le hace encender el televisor, y presenciar la muerte de la mujer en el destacamento. Los dos cuerpos en los dos espacios diferentes componen un díptico cuya conexión, en una primera instancia, está dada por la televisión y los periódicos. Los medios de comunicación yuxtaponen los dos espacios. El cuerpo que va a ser intervenido es testigo desde su casa y a través de los medios de comunicación de la destrucción del otro cuerpo. El cuerpo destrozado invade lo público, un espacio ajeno que no le es propio, y se vuelve aún más vulnerable.

Pese a que el locutor de la televisión insiste en describirlo como sin vida, el cuerpo de la mujer, con algunos leves movimientos que la cámara capta, va configurándose como una muñeca en posiciones fragmentadas, imposibles para un ser viviente. La cámara de televisión sólo se concentra en el cuerpo femenino. En el espacio hipermasculino del destacamento, la feminidad es una amenaza. La diferenciación sexual adquiere una dimensión aterrorizante: 'La participación de una mujer ... cambiaba por completo el signo del ataque. Por obra de esa mujer, muy pronto los rebeldes serían llamados terroristas' (14). El cuerpo abyecto pone en peligro el orden social.

En *Powers of Horror*, Julia Kristeva define lo abyecto como una categoría del no-ser, ni sujeto ni objeto. Según Kristeva, la noción de abyección es crucial para la formación de identidad y subjetividad, no sólo a nivel psicológico sino también sexual, cultural y nacional. La formulación de Kristeva, que combina antropología y psicoanálisis, vuelve obsoleta la distinción entre la constitución del sujeto y de la sociedad. Abyección es el proceso de arrojar, expeler, o la exclusión que funciona para mantener los límites en el orden de lo simbólico. Si estos límites fallan, o no están completamente construidos, el sujeto, la cultura o la nación son amenazados por el caos, la crisis o la psicosis. Kristeva explora la forma en que el sujeto se construye a partir de la delimitación de sus límites corporales, su adentro y afuera. En el caso más fundamental, la abyección surge como la necesidad del sujeto de separarse del cuerpo materno durante el nacimiento y de la autoridad materna antes de volverse un sujeto completamente formado en lo simbólico. Mientras que para Freud y Lacan el niño entra en lo social en virtud de la función paterna, para Kristeva la función materna es fundamental para desarrollar la subjetividad y acceder a la cultura y el lenguaje. La abyección materna es parte del proceso que permite la intervención de lo simbólico. A diferencia de la formulación lacaniana de lo semiótico, la noción de la abyección de Kristeva hace énfasis en la importancia de la materialidad del cuerpo materno como precondición para la construcción de lo simbólico.

En el ámbito social, la abyección es evidente en la división de clases, jerarquías, género y roles familiares a través de la exclusión de grupos y miembros. En el ámbito psicológico, la abyección contribuye a inscribir al sujeto en una identidad social estable y en un sentido del yo separando el cuerpo propio de sus elementos desordenados e impuros. Kristeva considera que lo abyecto es aquello que perturba la identidad, el sistema, el orden, lo que no respeta las fronteras, las posiciones y los roles. Pero la abyección puede ser, para la psicoanalista y semióloga, también una forma de resurrección, que parte de la 'muerte del yo'. Kristeva sostiene que se produce una alquimia que transforma la pulsión de muerte en motor de vida, y de este modo abre nuevas posibilidades de elección para el sujeto. Del cadáver podría surgir un vacío generador, una vitalidad que aún no ha encontrado sus formas y que se insinúa como una incertidumbre, no necesariamente apocalíptica, pero tampoco optimista.

En la novela de Sánchez, ante las cámaras, el cuerpo de Poli es un cuerpo vuelto de adentro hacia afuera, invertido como un guante, vacío de subjetividad, a la vez aterrador y fascinante (la cámara no deja de enfocarlo), literalmente abyecto. En la intimidad de la intervención quirúrgica, el cuerpo de la narradora está tapado, el de la combatiente ante las cámaras está completamente expuesto. La primera impresión de las imágenes televisivas es que 'podía tratarse de un documental o un noticiero extranjero' (13). El relato del locutor no contribuye a acercar los hechos, a presentarlos como lo que ocurre en el espacio adyacente. Sólo el reconocimiento de su voz ayuda: 'al reconocer la voz del locutor me di cuenta de dónde transcurrían los hechos' (13). La estética del noticiero de la televisión produce un tipo de representación obscena. Si lo pornográfico requiere, como se vio en el capítulo anterior, una escenificación de manera tal que el que mira se distancia de lo que mira y se pone a salvo en su posición de *voyeur*, en lo obsceno la escenificación más bien elimina la distancia.[21] En esta representación del cuerpo la mirada se acerca tanto que adquiere el atributo de 'obscena'. Baudrillard define a lo obsceno como lo excesivamente visible, lo que es más visible que lo visible (131). El cuerpo de Poli, la guerrillera, la intrusa, es un cuerpo sobreexpuesto (al sol y a la mirada), quemado, cortado, que intenta cubrirse los ojos con el último impulso que le queda de vida, condenado al espacio público como un cuerpo improcedente, sin historia ni origen, capturado por la televisión, objetivizado al punto de que el relato del locutor de la televisión 'hablaba de ella como si estuviera muerta' (15).

Las imágenes del cuerpo desmembrado transmitidas por los medios también son disociantes: distancian y acercan al mismo tiempo. El cuerpo de Poli es un cuerpo grotesco. Es inestable, incontrolable, en continua transformación: cambia de posiciones, su pelo parece vivo y reaparece al final de la novela como cenizas en el baúl del auto. Es un cuerpo extraño: una mujer en un ámbito masculino, el destacamento militar, con marcas de violencia en una época en que ese tipo de violencia ya se había terminado. Pero también es familiar: no sólo se parece a la remanida imagen de 'una de las vietnamitas muertas' (15, 29 y 47) que circularon por todo el mundo durante la primera de las guerras mediatizadas sino que compartía con el personaje de la narradora los cortes (en una producidos por la explosión de la granada, en la otra por la cirugía), la anulación (un cuerpo destrozado y otro anestesiado, un sujeto que 'opta por su propio exterminio' y otro que elige 'prescindir del mundo'), el sobrenombre Poli que desata una serie de asociaciones y memorias de infancia.

La identidad de la mujer muerta se va armando a partir de la difusión de su nombre de guerra, el único dato que los medios y la policía tienen de ella. El nombre Poli, significante plural, desencadena una serie de asociaciones y recuerdos de la narradora que la remontan a su infancia y a resolver el enigma de la identidad de la terrorista: Paulina era una tía lejana de la narradora (que se dejó morir por una enfermedad) con quien comparte veraneos, y quien por afecto había legado su nombre propio y llamaba Poli a su sobrina; los veraneos compartidos llevan a asociar el nombre Poli con la amiga de infancia. Mediante estas asociaciones del nombre desplazado 'Poli', la terrorista adquiere identidad

---

[21] Para una discusión acerca de las diferencias entre lo obsceno y lo pornográfico véase Hal Foster, 'Obscene, Abject, Traumatic'.

bajo este nombre de guerra, transferido (y no el original que jamás se menciona), y que se conecta con la historia de vida de la narradora.

La marca del cuerpo destrozado deja un mensaje como enigma, que la memoria y la especulación intentan descifrar. ¿Por qué Poli hizo explotar la granada en su mano? La inesperada decisión de Poli destruye literalmente su cuerpo y su identidad pero también destruye el entendimiento que de ella tienen los demás. La aparición de Leo, el hijo de Poli, en un primer momento parece ser la clave del desciframiento. Pero el enigma no se resuelve, sino que teje una nueva historia personal basada en la historia de la desmembrada y en la búsqueda de explicaciones.

Memoria personal e Historia

En *El Dock* no existe la urgencia que señalaba Wiesel (cfr. capítulo II) de contar los hechos 'como deberían haberse contado'. Esta novela no intenta recuperar la experiencia para incorporarla a la memoria colectiva. Se privilegia la memoria personal a la social. La memoria de los hechos no se vincula en la novela de Sánchez a la pérdida, como ocurre en los textos analizados en el capítulo anterior de este libro, sino a la recuperación. La experiencia de los hechos no se puede revivir ni hacer revivir; las sensaciones sí, permanecen. Hablar del pasado revive sensaciones ('la emoción se vuelve presente mientras los hechos pierden nitidez y se confunden', 9) pero no rescata hechos ('los sucesos de ese enero, aún no han sido esclarecidos, y lo más probable es que no lo sean nunca', 9). La memoria no es un medio de recuperación del pasado en forma totalizadora sino un disparador de emociones. De modo que la Historia es una empresa imposible. Para escribir una historia es necesario escribir muchas: 'comenzó una historia. En rigor dos historias o tres, tal vez más historias, una por cada uno de nosotros' (9). Las historias son sólo personales y se multiplican. Y si las diferentes historias conviven, el ordenamiento de los hechos (el tiempo exterior al sujeto) pierde validez: 'La cronología pretende que todo ocurrió hace no más un par de años ... Sin embargo yo creo que no es verdad, porque en el recuerdo es como si todo hubiera ocurrido en otro tiempo, en otro lugar y a otras personas mientras que a veces parece ayer mismo' (9). La aparente continuidad temporal se puede interrumpir.

El texto confronta la necesidad de construir relatos alternativos a través de un diálogo entre la memoria individual y la memoria colectiva, sin pretender interpretaciones universales de la Historia. Al comienzo de la novela, la narradora bucea en la memoria del asalto al regimiento. Y en este movimiento se confronta con la imposibilidad de contar la Historia sin contar otra historia, la personal: 'esta historia no comienza en el Dock sino entre cuatro paredes, en la ciudad, en un departamento de la ciudad donde hemos sintonizado las imágenes de televisión transmitidas desde el Dock' (11). La televisión y los periódicos vinculan el espacio de la historia 'de afuera' y la historia 'de adentro'. Son la forma en que lo público entra en contacto con lo personal. La historia colectiva invade la historia personal a partir de las imágenes que la cámara transmite. Pero la historia privada también influye sobre la pública, o le da sentido. A partir del nombre de guerra de la terrorista 'Poli' la memoria personal desentraña la otra historia. Dispara un recorrido por la historia personal de la narradora (el recuerdo de un perro, luego una pariente lejana y finalmente una amistad de la infancia) que le permite identificar al cadáver (a nivel institucional también ya que es la narradora quien se presenta a la morgue), recuperar el cuerpo de la intrusa, dar vuelta el guante, es decir, recomponer y componer al personaje. La historia personal le da sentido a los enigmas de la otra historia pero no corrobora la historia que los medios ofrecen: las noticias proponen 'interpretaciones demasiado oblicuas, otras abiertamente descabelladas que ni siquiera se ajustaban a ciertas exigencias del género' (24). Los blancos en la historia plantean la imposibilidad de reconstruir un relato de los hechos que ofrezca respuestas satisfactorias a las necesidades de los protagonistas.

Llenar esos blancos lleva a una nueva intrusión: el cruce a la ilegalidad que implica pasar sin papeles de una frontera nacional a otra, de Argentina a Uruguay, frontera 'paródica' desde la pedante perspectiva porteña, frontera 'paródica' desde la perspectiva que permitió el desarrollo del Plan Cóndor y el tráfico de desaparecidos entre uno y otro país durante el régimen militar. El cruce de la frontera inscribe sin registros la fundación de una nueva familia, 'la familia paródica' constituida por despojos sociales: la narradora, la aneste-siada que se había enunciado como quien 'puede prescindir del mundo con sólo desearlo' (34); Leo, el hijo de la guerrillera que se suicida durante el combate; y Kim, el novio 'asiático' de la narradora 'provenía de cualquier lugar y por lo tanto podía desaparecer en cualquier momento sin dejar en mí más rastros que la evocación ocasional de un rostro, cuyas facciones orientales resultarían desdibujadas' (35). La condición de orfandad o extranjería son necesarias para la producción de esta 'familia parodia'. Y en esta novela todos los personajes son huérfanos: los padres están muertos o ausentes y los ídolos, descritos con características masculinas, perimidos: 'Nuestros ídolos juveniles habían perdido el pelo y ganado un abdomen, envejecían en el anonimato, en el alcohol o bien bajo el pulso de los cirujanos' (34).

Como todo contrato social, la familia paródica requiere un intercambio de relatos para cimentarse. Pero en este caso los relatos no son del orden legal sino que evocan la astronomía, el mito, los sueños y el cine. Estos relatos van acercando a los personajes, también a nivel físico. Conforman un tipo de discurso que intenta proporcionar una explicación a la muerte de Poli, la guerrillera, y al mismo tiempo no sólo ofrecen una visión de los hechos que sustituye a 'la obscena intromisión de la cámara de televisión' sino que también recuperan el mundo de los afectos. La narradora y Leo fundan con sus relatos compartidos una zona de seguridad, protegida por estas ficciones explicativas. La estética del cine proporciona dignidad a la muerte de Poli durante el ataque guerrillero. Mediante la fábula de *El Sacrificio*, la película de Tarkowsky, la narradora le ofrece a Leo una versión poética –y ética– sobre la muerte de su madre. En la novela, el lenguaje del cine, opuesto al de la crueldad de la televisión, puede sustituir la obscena intromisión de una cámara televisiva en el cuerpo agonizante de Poli (Amante y Oubiña 10).

La novela se cierra suspendida, sin darnos ningún indicio de qué pasa entre los hechos que se narran y el presente de la narración. La voz de la narración cambia desde el comienzo del relato. Pasa del distanciamiento que muestra el artificio literario y relata su historia personal como un espectáculo ajeno, a la voz de una protagonista de su propia historia. Una fisura en lo cotidiano, un acontecimiento único logra romper el camino diagramado por la lógica e instala a los personajes en otro lugar:

> Pensé que ningún libro registraría la aventura del Dock en su justa dimensión, mucho menos podría contar hasta qué extremo había alterado bruscamente nuestra historia. Poli había conseguido hacer saltar nuestra serie del azar. (299)

En esta recomposición familiar se produce una alquimia que transforma la pulsión de la muerte en motor de vida. Del cadáver abyecto surge vitalidad, un vacío generador, como propondría Kristeva. La muerte de Poli se articula y adquiere significado. La escena final de la novela es un retrato de familia, cotidiano, y sin embargo marca el inicio de un ordenamiento nuevo: el lugar de los afectos, un lugar de refugio. Con este final, el pasado logra articularse en el presente para construir una utopía privada familiar.

A través de sus sucesivos desplazamientos de nombres, roles familiares, geografías, la novela parece anunciarnos que sólo en estos espacios móviles, donde hay lugar para lo paródico, es posible desarmar estructuras tan apropiadas y semantizadas por el discurso del poder como la figura de la madre y proponerlas como formación alternativa. El foco de la cámara en el cuerpo moribundo representa ciertas ansiedades de la sociedad. El cuerpo materno destrozado, abyecto, genera incertidumbres. ¿Qué pasaría si la violencia volviera? ¿Qué pasaría si esta vez el Otro amenazante no fuera una institución con características masculinas (ni el Estado, ni los militares, ni la guerrilla) sino una mujer, una madre? ¿Qué pasaría si sobre las cenizas se construyeran nuevos tipos de relaciones, nuevas posibilidades de elección para el sujeto? ¿La experiencia negativa podría volverse una experiencia liberadora, de cambio?

Lo femenino como político

El trabajo de Eltit ha sido recibido por la crítica al mismo tiempo con fascinación y con irritación por su 'inaccesibilidad' (Brito 173).[22] Pese a su evidente

---

[22] En 'Apuntes sobre la novela *Por la patria*, de Diamela Eltit', el crítico chileno Rodrigo Cánovas, sostiene que la resistencia al proyecto literario de Eltit se debe a la persistencia del estilo 'naturalista' del resto de la literatura chilena. Mary Beth Tierney-Tello señala que Cánovas y otros críticos concuerdan en que la innovación de la escritura de Eltit podría haber tenido mayor aceptación si fuera llevada a cabo por un hombre, en cuyo caso ¿no

cuestionamiento del orden social y su protesta frente al régimen pinochetista, la escritura de Eltit y demás actividades emprendidas por el movimiento al que Nelly Richard bautizó primero 'escena de avanzada' y luego 'neovanguardia', se plantaron en la vereda de enfrente de las organizaciones culturales populares de la izquierda chilena. Durante la dictadura este grupo se distanció de la actividad política directa pero organizó actos de protesta no convencionales contra los militares. Diamela Eltit fue una de las fundadoras del 'Colectivo de Acciones de Arte' (CADA) y junto con dos artistas visuales, un poeta y un sociólogo, entre 1979 y 1982, llevaron a cabo una serie de *performances*[23] urbanas cuyo objetivo, según la misma Eltit, era reocupar el lugar más asediado por la represión, la ciudad (Piña 233).[24]

Nelly Richard se refiere a la belicosidad de la discrepancia entre la neovanguardia y la izquierda chilena, señalando que las diferencias entre el arte contestatario de la cultura militante y la 'nueva escena' desataron polémicas que ratificaban la opinión de que 'los conflictos solían ser más intensos al interior del campo no oficial que entre éste y el oficial' (Richard 'En torno' 41). Jean Franco sostiene que en un intento por evitar la borradura del pasado que la dictadura se empeñaba en imponer, los trabajos de la neovanguardia transgredieron las rígidas líneas disciplinarias establecidas por el gobierno, incluso las de género, centrándose en cuestiones como la exclusión, la marginalidad y la abyección, en lugar de definirse en términos de izquierda o derecha. Para Franco, es esta transgresión de las categorías de género, que funcionaron como fundamento del autoritarismo de los militares chilenos y lo que siguió después, que diferenció a la neovanguardia de la izquierda tradicional (Franco 'Mares' 117).

Desde la redemocratización en Chile, iniciada en 1990, el énfasis de la neovanguardia ha sido la lucha en contra del dominio de los mecanismos del mercado en la sociedad chilena, legado de la dictadura de Pinochet que impuso sus políticas económicas mediante la marginalización de un gran sector social. La neovanguardia continúa proclamando su independencia de las estructuras burocráticas denunciando el consenso pactado entre el nuevo gobierno democrático y el desplazado gobierno militar, y la amnesia social y política que este pacto ha producido. Me refiero al pacto entre los partidos de la alianza y el gobierno de Pinochet por el cual Chile volvió a la democracia con un ex-dictador todavía en una situación de privilegio en el poder (miembro vitalicio del senado y con sus alianzas militares intactas) y con la imposición de mantener un manto de olvido sobre los desmanes de la dictadura. En este caso el pacto al que se llegó (con el apoyo de un plebiscito organizado en menos de un mes)

---

sería otro tipo de innovación? Véase *Allegories of Transgression and Transformation: Experimental Fiction by Women Writing under Dictatorship* (240).

[23] Uso la palabra 'performances' en inglés porque no hay en castellano un término que defina la heterogeneidad de este tipo de actuación.

[24] Nelly Richard describe algunas de estas actividades en *La insubordinación de los signos* (40).

creó un 'consenso' viciado, marcado por el apoyo al régimen autoritario que lo precedió.

Eltit responde a la dispar recepción de su obra afirmando que el problema no está en su escritura sino en la 'domesticación' de ciertos modos de lectura dictados por las casas editoriales, especialmente a partir de la redemocratización.[25] Y con este comentario se refiere sin duda al auge editorial de las novelas escritas por mujeres (entre ellas las chilenas Isabel Allende y Marcela Serrano) que también en Estados Unidos han tenido éxito de ventas bajo la rúbrica de 'realismo mágico'. Estas novelas giran en torno a una problemática en cierta forma feminista puesto que sus protagonistas encuentran una forma de liberarse de la victimización y asumir cierto poder pero al mismo tiempo se tiñen de formulas convencionales, condescendientes con la actual repartición de roles sociales asignados a lo femenino y a lo masculino.

En la década del 60 los escritores mayoritariamente hombres que dominaron la escena literaria encontraron en la figura del lector cómplice un enlace entre el oficio de escribir y el compromiso social que exigía la época. De manera similar para Eltit el rol del lector es fundamental en su proyecto de escritura: 'The part of me that writes is neither comfortable nor resigned and does not want readers who aren't partners in a dialogue, accomplices in a certain nonconformity' (Eltit 'Writing' 19). El lector cómplice, el que debe encontrar un sentido a través de un proceso activo de lectura (y no una 'domesticación'), el lector al que Cortázar había masculinizado en *Rayuela* (para ira de las feministas de las décadas siguientes) cambia en Eltit su signo para entrar en la categoría de lo femenino. Pero este cambio no es una simple inversión de género. Lo femenino, según lo define Nelly Richard en *Masculino/Femenino*, no se restringe únicamente a un atributo de las mujeres sino que se concibe como una categoría cuya propiedad es desestabilizar el discurso mediático dominante de la sociedad (31). Ese discurso se caracteriza por ser casi monolítico, carecer de ambigüedad, privilegiar la cantidad sobre la calidad y la diversidad sin tener en cuenta las diferencias reales. A través de la categoría de lo femenino Eltit vincula la condición de las mujeres con la de los oprimidos por las fuerzas dominantes y los relegados a los márgenes de la sociedad: 'si lo femenino es aquello que es oprimido por el sistema central dominante ... podríamos ... pensar a los grupos étnicos, las minorías sexuales y hasta países enteros como lo femenino' (Piña 244). Con esta extensión de la categoría de lo femenino según también lo señala Jo Labanyi en 'Topologies of Catastrophe', Eltit está haciendo énfasis en el hecho de que escribir como mujer es escribir contra el discurso hegemónico y por lo tanto es un acto político (90). El punto de partida de estas ideas teóricas acerca del género puede rastrearse en el feminismo francés para el que lo femenino es también lo marginal, lo disperso.

---

[25] Véase Diamela Eltit, 'On Literary Creation', en Raymond L. Williams (ed.), *The Novel in the Americas* (143–50 p. 146) y también en otra arremetida contra el mercado en 'Acerca del hacer literario', en Garretón et al. (eds), *Cultura, autoritarismo y redemocratización en Chile* (157–67).

Pero Nelly Richard le da un toque latinoamericanista a esta concepción al tener en cuenta el papel de la periferia. Para la crítica de la neovanguardia, lo femenino y lo periférico, no necesariamente entendidos como un lugar geográfico ya que también puede haber un centro en la periferia y viceversa, son los lugares privilegiados de la insubordinación.

Eltit ha afirmado que su obra es una lectura del ambiente político, social y cultural de su país (Garabano y García-Corales 'Eltit' 65). Su práctica innovadora, a la que ella llama 'militancia', se establece en una relación entre lo político y lo estético.[26] Eltit se pronuncia en contra de las exclusiones y las represiones emprendidas por las estructuras discursivas dominantes en la sociedad chilena. Esta protesta puede entenderse como algo más allá de un acto de resistencia ya que su objetivo final es lograr un cambio sociocultural profundo a escala lingüística y simbólica a través de un cuestionamiento del lenguaje y el discurso.

El desmadre: *Los vigilantes* de Diamela Eltit

La estrategia inicial de Eltit en *Los vigilantes* es la opuesta a la de Sánchez en *El Dock*. En lugar de esparcir un cuerpo femenino en un espacio público, *Los vigilantes* acentúa el encierro del cuerpo de la mujer. En esta novela, la opresión histórica de la mujer se entrelaza con un capitalismo salvaje, que coloca a un gran sector de la población en el límite de la subsistencia, agudiza la pobreza estructural de las mujeres y transforma lenguajes y relaciones en productos consumibles en el gran mercado del que una mayoría creciente queda excluida.

Al igual que en la novelas anteriores de Eltit, en *Los vigilantes* la escritura tiene un papel destacado. La mayor parte de la acción transcurre en una casa en Santiago en donde una madre escribe cartas al padre de su hijo. Entre tanto el hijo intenta distraerla de su actividad golpeándose la cabeza, rasguñándola, riéndose estrepitosamente, y con juegos enigmáticos. La mujer escribe cartas al hombre con reclamos acerca de la conducta de su hijo en común, de la falta de participación del padre en su crianza, y con respuestas a reclamos sobre su propia conducta y forma de crianza. Este conflicto familiar se da en un marco social opresivo en el que la miseria y la represión exterior amenazan con irrumpir en la casa. Si por un lado los vecinos y emisarios del padre vigilan la casa y se autorregulan para mantener 'el orden de Occidente', por otro, los marginados, que vagan por la ciudad, buscan protección. La madre elige aliarse con los desamparados y esto le da argumentos al padre y los vecinos para desalojarla. Madre e hijo son expulsados de la casa y comienzan una nueva existencia nómade, aullando a la luna.

---

[26] Esta 'militancia' contrasta con su no-militancia en el ámbito político local a la que hace referencia en casi todos sus reportajes, pese a haber sido agregada cultural en la embajada de México durante el gobierno de Alwyn.

La voz del padre nunca aparece en el texto, sólo conocemos las reacciones de la madre. Sin embargo, su existencia es omnisciente. El padre se erige como el representante máximo de la institución familiar y logra un sistema de alianzas sociales con los vecinos y su propia madre para sostener su posición. El padre impone la escritura como forma de control. De afuera de la casa, desde una ciudad en decadencia abandonada por los sectores más ricos, llegan, por un lado, los mandatos y exigencias del padre, en connivencia con los vecinos para imponer su ordenamiento en la casa y en la sociedad, y por otro, los indigentes que circulan por la ciudad en la clandestinidad ('lo visible' y 'lo invisible', 111). Los vecinos protegen el sistema consensual en el que viven a través de un proceso de exclusión. Heredera del régimen político autoritario que se mantuvo imponiendo el terror, la sociedad de la novela es una sociedad de consenso que se autorregula convirtiendo a los vecinos en vigilantes. Los excluidos, percibidos como amenaza, son destituidos silenciosos de la ciudad y van deambulando en absoluta carencia. Tienen una existencia precaria en los márgenes de la sociedad. La protagonista se refiere a ellos como una multitud 'que se desgrana atomizada por el pánico, el dolor y la sangre, llevando a cuestas el sufrimiento como memoria de los golpes' (102). En el análisis de este texto la teoría de Kristeva sobre la abyección también resulta productiva. Los marginados son vistos por el cuerpo social como una amenaza porque no están ni firmemente adentro ni afuera. Kristeva señala que todas las sociedades se constituyen a partir de un proceso de exclusión que en terminología psico-analítica se conoce como 'abyección'. La cultura requiere la demarcación de los límites del 'cuerpo apropiado' que se consigue a partir de la expulsión de lo 'impropio' o lo 'abominable'. Kristeva sostiene que lo abyecto (el objeto de abominación) tiene cierto reconocimiento como parte del cuerpo del que ha sido expelido; de acuerdo con la doble lógica del proceso de rechazo, lo abyecto es al mismo tiempo lo que se expulsa y lo que se incluye como horroroso.

Los vigilantes es un relato edípico. La figura paterna se asocia con el poder. El padre es la ley y también representa el orden económico-social, enunciado en la novela como 'Occidente'. La ley del padre invade todos los espacios; opera sobre valores culturales, sociales y familiares. La madre define la letra ausente del padre como firme y controlada, que evita emociones y desbordes, 'tú haces gala de una extraordinaria precisión con las palabras. Tú construyes con la letra un verdadero monolito del cual está ausente el menor titubeo' (*Vigilantes* 79). Esta descripción entra en eco con la del discurso mediático dominante de la sociedad chilena según Richard en *Masculino/Femenino*. La letra de la madre en cambio no produce autoafirmación sino que impone sacri-ficios e incomodidades; no tiene autonomía sino que está subyugada al mandato paterno. El lenguaje de la madre está atado a un cuerpo (sufre hambre y frío) y a los campos de visibilidad e invisibilidad, a las tramas del poder hegemónico que dicta lo que es legítimo y lo que no lo es. Atrapada por su rol en una trama de la cual no es autora, la madre responde a las embestidas del padre con su escritura. Intenta a través de la letra 'una supervivencia escrita, desesperada y estética' (*Vigilantes* 115). La madre produce una escritura ambigua que cambia de tonos pero no pacta: se defiende, ataca, reclama, se resigna y también resiste. Estos tonos definen el diálogo epistolar con el padre hasta que finalmente llegan a enunciar la inutilidad del diálogo, la imposibilidad de un proyecto escriturario comunicativo: 'Sólo quiero declarar ahora que jamás te escribí cartas. Simplemente escribí para ver cómo fracasaban mis palabras' (110).

En su deambular por la ciudad la madre entra en contacto con los marginados en el espacio irracional de los sueños o de la experiencia clandestina (81). El contacto es físico y le da a la protagonista un entendimiento del cuerpo propio como fragmentado: 'pude valorar la belleza del contacto al reconocer, por fin, mi cuerpo en un cuerpo diverso y comprendí entonces cuál es el sentido exacto de cada una de mis partes y como mis partes claman por un trato distinto' (81). La madre ofrece amparo en su casa a los marginados. Pero la solidaridad es posible sólo como proyecto individual; en la sociedad consensual que describe la novela la única organización social admisible es el control que ejercen los vigilantes. La escritura, aún confinada al espacio cerrado de la casa y a la soledad de una subjetividad, es un riesgo, traiciona. El padre, exponente del orden político, utiliza los textos de la madre para denunciar su comportamiento ilícito, su cercanía a los marginados, y lograr su expulsión de la casa. Si no obedece a pactos sociales, debe irse. La madre es desalojada por su diferencia, por su lucha para evitar convertirse en lo que Foucault llama un 'cuerpo dócil', un cuerpo cuya fuerza y energía están habituadas a regulaciones externas, sujeción, transformación, 'mejoramientos'.[27]

La disociación en esta familia no sólo se debe a la ausencia del padre sino a la pertenencia de la madre y el hijo a diferentes órdenes. La madre, la que escribe, representa la escritura y el hijo, paradójicamente mudo, la oralidad. Las secciones que abren y cierran la serie de cartas de la novela son irrupciones del hijo. El acto de la escritura de cartas al padre ausente separa al hijo de su madre. La primera sección es una escenificación de esta separación. El hijo busca una integración con la madre imposible por la mediación de la escritura. En ausencia del padre, la escritura es lo que impone al hijo la prohibición que lo distancia de la madre. La madre 'se funde' (16) en el papel y se 'separa' (18) del hijo. Las relaciones madre–hijo, con un fuerte componente de violencia, son complejas: transitan el afecto, el rechazo, la cercanía y las invasiones. El hijo 'habla' sobre su propia inhabilidad de hablar y de escribir pero no todo en él es incapacidad. Se propone como un tipo de lector privilegiado que puede leer lo que no está en la letra: el pensamiento y los deseos del padre y de la madre. Al mismo tiempo vuelca en el texto los sonidos y residuos que dicta el cuerpo. Su paso por el texto es un recorrido de deseos, risas compulsivas, actos de violencia, sangre, vómito y saliva, con una sintaxis que imita la oralidad y simplifica su expresión mediante onomatopeyas.

El hijo posee otro saber: consuela el hambre, el frío y la separación de la madre mediante un juego, el ordenamiento de vasijas, que da muestra de lo

---

[27] Sobre 'docilidad' véase Foucault, *Discipline and Punish: The Birth of the Prison* (135–69).

que la madre entiende como 'su mente aritmética' e 'impone ordenaciones' que la madre no logra interpretar. La madre entiende los escenarios que las vasijas dibujan como muestras del ingenio del hijo y trata equivocadamente de leer en ellos ecos de un referente preciso, la ciudad o la pasión (93), a lo que el hijo responde con burlas. Estas formaciones anticipan el lenguaje no interpretable del capítulo final de la novela, en el que madre e hijo ya expulsados de la casa se integran a lo que parece ser un apocalíptico mundo exterior. Como en el capítulo de apertura, en el capítulo final es el hijo el que narra pero esta vez ejerce la actividad que su madre abandona: escribe (126).

En *The Untimely Present*, Idelber Avelar propone la lectura de *Los vigilantes* como una 'crónica apocalíptico–escatológica de la derrota'. Sin duda la desintegración de espacios y subjetividades nos hace pensar en Apocalipsis. Pero ¿se trata realmente de una derrota? El orden del padre se diluye frente al desorden de la madre. ¿Cuál de los dos entonces triunfa? Los aullidos finales a la luna aúnan las voces de la madre y el hijo en el imperio del desorden. Estos sonidos proponen un lenguaje común con nuevas voces que está por hacerse y podría establecer relaciones diferentes. La madre lega la escritura al hijo. Con este final queda definitivamente articulada la diferencia de género con la pobreza, la exclusión, la diferencia no regularizable, la abyección.

La animalización final de la novela quiebra definitivamente los sistemas de representación. Madre e hijo se desplazan hacia un espacio irrepresentable: 'un territorio marginal que el poder ministerial y paterno desecha pero un lugar ganado a ese poder' (Domínguez). Juntos componen una forma de no palabra y no representación que parece postular una teoría del lenguaje fundada no en la falta como propone el psicoanálisis lacaniano sino en una forma de plenitud, un mito de lengua materna que afirma, o por lo menos sugiere, la existencia o posibilidad de construir algo fuera del nombre-del-padre. De modo que la puesta en crisis de la identidad puede ser una pérdida pero también una gestación y abre puertas a la posibilidad de una utopía femenina, quizás más allá de nuestro entendimiento, pero utopía al fin.

Salida de madre

Tanto *El Dock* como *Los vigilantes* plantean el centralismo de la figura materna como respuesta al contexto político homogeneizante y antiutópico que la crítica cultural reciente de las posdictaduras del Cono Sur coincide en describir como un agujero negro que no permite abandonar la melancolía ni la sensación de pérdida. Las dos novelas proponen relatos de la pérdida (incluso *El Dock* literalmente podría leerse como el duelo por una amiga o una madre) pero la indagación acerca de la figura materna les permite un cambio a esta condición: junto con la editora de los cuentos chilenos, podríamos decir que hay una 'salida de madre' a esta problemática. De la pérdida que estos textos plantean, podría surgir, como propone Kristeva, en relación a un cuerpo abyecto, un vacío generador, una vitalidad que aún no ha encontrado sus formas y que se insinúa como una incertidumbre, no necesariamente optimista pero con algún tipo de proyección hacia el futuro.

Los dos textos plantean un cambio de las estrategias de lucha y de supervivencia en alguna forma de territorio posible, una utopía femenina. Al desafiar la construcción tradicional de la maternidad, al construir a la madre más como una relación que como un rol, Sánchez y Eltit están atacando al mismo tiempo otras formas culturales. Cuando las madres de estos textos escriben o se inscriben como madres, no sólo ponen en crisis la identidad materna, sino que también transforman las prácticas lingüísticas y sociales. Cuestionan el orden simbólico de las representaciones y del lenguaje, cuya fuerza principal reside en presentarse como perteneciente al orden natural, inmutable, como si siempre hubiera existido. Intentan así un escape, o por lo menos una reparación, a la violencia simbólica ejercida por la representación dominante.

IV

Horror privado, espectáculo público: imágenes de la memoria y el cine argentino reciente

'La intimidad era algo secreto'
Graciela Daleo en *Cazadores de utopías*, Film de David Blaustein

En este capítulo recurro a una serie de fotografías y al cine argentino reciente que trabajan con la figura del desaparecido (o ex-detenido desaparecido). Me interesa en particular señalar cómo esa figura se construye en el marco de tensiones que se establecen al intentar transcribir una narrativa pública de la memoria que recupera la experiencia de la intimidad. Aunque en algunas de estas imágenes que propongo analizar pareciera no resultar relevante establecer una perspectiva de género, en mi análisis subyace la idea de que el rescate de lo íntimo que, con mayor o menor éxtio, estas imágenes proponen, ineludiblemente las emparienta con preocupaciones comunes a los estudios de género. La búsqueda de zonas de contacto con los estudios de género no es ajena a los estudios de la memoria. Marianne Hirsch y Valerie Smith establecen varias de estas zonas de contacto en la introducción del número 28.1 de la revista *Signs*, dedicado a feminismo y memoria cultural. Según estas autoras, los estudios feministas han intentado redefinir la cultura desde la perspectiva de las mujeres y para ello tuvieron que implementar como estrategia el rescate y la inclusión de historias, trabajos y creaciones de mujeres que de otra forma hubieran permanecido obliterados. El paralelo entre este rescate y la actividad que promueven quienes tratan de mantener una memoria activa después de las dictaduras en el Cono Sur, es por demás evidente. Por otro lado, estas mismas autoras sostienen que lo que una cultura recuerda y lo que elige olvidar está inextricablemente relacionado con luchas por el poder y la hegemonía, y por lo tanto con el género, ya que los códigos culturales y tropos desde los cuales una cultura representa su pasado conllevan la marca de género, clase y raza. Tanto los estudios de la memoria como los de género presuponen que el presente está determinado por un pasado construido y cuestionado. En ambas disciplinas se asume el estudio del pasado para entender el presente (Hirsch and Smith 6).
En este capítulo propongo que, aun cuando en el proyecto artístico de ciertos cineastas y fotógrafos argentinos no haya una intención explícita de adoptar una perspectiva de género, en un intento por lograr una mirada renovada, por conectar imágenes del pasado al presente, se apela a una estrategia de larga

tradición en los estudios de género: rescatar historias para integrarlas al gran relato. Mi propuesta aquí es contrastar modalidades de representación a través de imágenes que resuelven de manera diferente las tensiones entre historia privada e historia pública. A partir del análisis del trabajo fotográfico de Marcelo Brodsky, una secuencia de imágenes del documental *Cazadores de utopías* de David Blaustein y de dos películas, *Garage Olimpo* de Marco Bechis y *Los rubios* de Albertina Carri, concluyo que con la mediación de una historia personal se establece una conexión exitosa entre pasado y presente.

En su primer libro sobre fotografía, Susan Sontag describe el impacto que ciertas imágenes del Holocausto produjeron en ella cuando las vio por primera vez durante su niñez. Debe tenerse en cuenta la descripción de este impacto junto con su comentario acerca de la poca ingerencia de estas imágenes a medida que se vuelven más y más familiares: 'At the time of the first photographs of the Nazi camps, there was nothing banal about these images. After thirty years a saturation point may have been reached' (21). Yendo aún más lejos, me atrevo a postular que estas fotografías documentales perdieron impacto porque su significado quedó relegado a una situación en el pasado, dejando a quienes las observan a salvo, del otro lado, en un presente desconectado de los hechos presentados en las imágenes. En los textos de mi selección para este capítulo ocurren operaciones hacia uno y otro lado de la línea que deja al espectador a salvo. En todos ellos, pertenecientes a géneros muy diversos, hay también una concepción sobre qué y cómo representar el pasado traumático. *Buena memoria* de Brodsky, al que llama 'ensayo fotográfico', rescata y pone en un nuevo contexto una serie de imágenes tomadas durante o antes de la dictadura, expandiendo su significación. Con esta operación va reflejando la distorsión y las capas de la memoria. El proyecto de 'rescate' también es evidente en el trabajo documental de Blaustein, uno de los primeros en darles la voz a los protagonistas de los años 70 para que reconstruyan la militancia en aquellos años. De *Cazadores de utopías* sólo analizo una secuencia en la que dos sobrevivientes hablan de su experiencia en los campos de concentración y tortura. Esta secuencia deja en evidencia una concepción acerca de cómo los roles de género operan en la reconstrucción del relato de la militancia. *Garage Olimpo* estaría proponiéndose establecer imágenes emblemáticas, y al igual que *Cazadores*, normaliza historias y ordena el muestrario básico que está en circulación desde las primeras declaraciones de los sobrevivientes. *Los rubios* y *Buena memoria*, en cambio, eligen construir su propio repertorio de imágenes. Más aún, *Los rubios* produce desorden, muestra a la memoria como inestable, desconfiable, pone en evidencia sus imágenes como construcciones, como ficciones. Si en *Garage Olimpo* y en *Cazadores de utopías* no se problematiza la representación, si en cierta forma se domestica la memoria convirtiéndola en una suma de memorias en un repertorio de imágenes comunes a todos, emblemáticas, en *Los rubios* y en los ensayos fotográficos de Brodsky se pone en tensión el recuerdo público, compartido, y la facultad íntima, privada, de rememoración, produciendo sinnúmero de recreaciones de la memoria.

En Argentina, la dictadura militar (1976–83) se propuso clausurar el espacio público político y cultural y logró una profunda transformación de las relaciones entre lo público y lo privado. Mientras el régimen militar invadía espacios privados, restringía la circulación pública y se metía en la intimidad de la vida familiar y de los cuerpos como si se tratara de una cuestión de estado, en los espacios privados se originó la más aguerrida fuerza de oposición sustentada sobre la base del vínculo entre madre e hijos. Sobre ese vínculo se fundó también, en la posdictadura, una política de la memoria organizada casi exclusivamente en torno a relaciones de parentesco, que problematiza así la relación entre lo privado y lo colectivo, produciendo una politización de los vínculos de familia. Debido a que las instituciones políticas no garantizaron la aplicación de leyes, y no permitieron profundizar la reconstrucción social luego de la destrucción, se produjo una privatización de la esfera pública y una novedosa y eficaz politización de la esfera de los vínculos primarios (Vezzetti 'Activismos' 2). Desde la creación de HIJOS (Hijos por la Identidad y la Justicia, contra el Olvido y el Silencio), sus miembros, legitimados como actores sociales por su condición de familiares de las víctimas, realizaron una impugnación pública de la dictadura y de la impunidad en democracia.[1]

Los saltos entre lo personal y lo social en los que se funda el accionar de organizaciones de madres e hijos, producen insondables tensiones. En 'El género en las memorias', Elizabeth Jelin alude a estas tensiones entre memorias personales y memorias sociales:

> Las memorias personales de la tortura y la cárcel están fuertemente marcadas por la centralidad del cuerpo. La posibilidad de incorporarlas al campo de las memorias sociales presenta una paradoja: el acto de la represión violó la privacidad y la intimidad, quebrando la división cultural entre el ámbito público y la experiencia privada. Superar el vacío traumático creado por la represión implica la posibilidad de elaborar una memoria narrativa de la experiencia, que necesariamente es *pública*, en el sentido de que debe ser compartida y comunicada a otros ... Al mismo tiempo, la recuperación de la 'normalidad' implica la reconstrucción de un sí mismo, con la reconstrucción de la intimidad y la privacidad. Los silencios en las narrativas personales son, en este punto, fundamentales. (113)

Y más adelante en el mismo ensayo Jelin se pregunta:

> ¿Cómo combinar la necesidad de construir una narrativa pública que al mismo tiempo permita recuperar la intimidad y la privacidad? (114)

A partir de esta pregunta, a la que no pretendo aquí encontrar una respuesta

---

[1] Un salto cualitativo en la acción de HIJOS como organización y como actor social, se produce en la práctica discursiva del 'escrache'. Esta práctica de movilización callejera, mezcla de carnaval y acción condenatoria, se constituye en una forma de acción social novedosa. El 'escrache', aunque surge a partir de un vínculo familiar, trasciende la necesidad personal de reconstrucción de una historia y una identidad y apela a la sociedad en su conjunto.

definitiva, me propongo iniciar una reflexión acerca de la mediación de lo visual entre la memoria privada y la memoria pública en la producción cultural argentina reciente. Las preguntas que subyacen en este capítulo giran en torno a cómo transcribir una historia privada en un recuerdo público y qué dinámicas se establecen cuando la narrativa pública de la memoria intenta recuperar la experiencia de la intimidad.

Lo que queda de la catástrofe: *Buena Memoria* de Marcelo Brodsky

En 'La obra de arte en la era de la reproducción mecánica', Walter Benjamin proclamaba que cuando una obra de arte es reproducida, pierde su 'aura', atributo que le otorga un poder misterioso. En *Camera Lucida: Reflections on Photography*, Barthes, aún sin mencionarlo, le da una respuesta proustiana a Benjamin: la fotografía tiene el aura del tiempo y las memorias perdidas. En este ensayo, el último que publicó, Barthes explora la relación entre la fotografía y el espectador. El título alude a *cámara oscura*, a la historia de la fotografía, el medio que transformó las tres dimensiones del mundo real en una superficie plana. Escrito después de la muerte de su madre, *Camera Lucida* puede leerse como una reflexión tanto sobre la muerte como sobre la fotografía. Barthes hace una distinción entre dos formas de mirar una fotografía. *Studium* es, para Barthes, la interpretación cultural, simbólica y política más obvia de la fotografía, y *punctum*, un reconocimiento repentino e inesperado del significado que establece un vínculo directo entre el observador y lo fotografiado: '*punctum* is that accident which pricks me (but also bruises me, is poignant to me)' (27). *Punctum*, un detalle en la foto que nos atrae y cambia nuestra lectura de ella, es un momento de percepción que excede los límites de lo cotidiano. Este exceso se plantea como un encuentro entre el sujeto y la historia. Lleva la actividad de la mirada de una relación transparente entre significado y expresión a un nivel en que el significado pareciera estar allí sin la presencia de una subjetividad, como si la fotografía entrara en contacto directo con el inconsciente: 'The photograph is literally an emanation of the referent. From a real body, which was there, proceed radiations which ultimately touch me, who am here; the duration of the transmission is insignificant, the photograph of the missing being, as Sontag says, will touch me like the delayed rays of a star. A sort of umbilical cord links the body of the photographed thing to my gaze: light, though impalpable, is here a carnal medium, a skin I share with anyone who has been photographed' (80–1). Al atestiguar que lo que vemos en la foto existió, la foto participa de una economía de muerte y resurrección (82). El 'rayo' que llega al espectador, el 'cordón umbilical' del que habla Barthes, sustrae al referente de la muerte. Una de las preocupaciones de Barthes es que la llamada del *punctum* es individual y no necesariamente compartible. Por eso el libro, que contiene varias reproducciones, no reproduce la fotografía de la madre que lo motiva.

Barthes explica que la fotografía no es tanto una representación de lo que es como una representación de lo que fue y por lo tanto ya no es. La foto es un testimonio de la presencia de lo fotografiado en un momento determinado del pasado y, por lo tanto, evoca también su muerte. Al congelar al sujeto en el tiempo, el sujeto pasa inmediatamente a existir en el pasado ('it has been absolutely, irrefutably present, and yet already deferred' 77) y en cierto momento, estará invariablemente muerto. Por eso, toda fotografía implica catástrofe: 'In front of the photograph of my mother as a child, I tell myself: she is going to die: I shudder ... over a catastrophe which has already occurred. Whether or not the subject is dead, every photograph is this catastrophe' (96).

El trabajo del fotógrafo argentino Marcelo Brodsky confronta a quienes lo miramos con la catástrofe y se relaciona estrechamente con las reflexiones de Barthes en relación a la fotografía, el espectador y la muerte. *Buena Memoria* contiene textos y una serie de imágenes fotográficas que se inicia con una fotografía de sus compañeros del Colegio Nacional de Buenos Aires de 1967, la típica fotografía de un grupo de chicos sentados en gradas (sin *punctum*, para quienes no conocen a esos estudiantes). Brodsky amplió esta fotografía y la usó de fondo para fotografiar a los compañeros del colegio que pudo localizar. Algunos de los presentes en la foto de 1967 se rehusaron a ser fotografiados nuevamente y a otros, no logró encontrarlos. De los 34 de la foto, 2 desaparecieron, víctimas de la dictadura militar. Brodsky interviene el retrato de grupo inicial ampliado con anotaciones sobre sus compañeros (qué hacen o que hacían, como eran y siguen siendo, etc.) y circula el rostro de algunos. A los 2 asesinados durante la dictadura les agrega una línea diagonal que cruza el círculo. Cuando termina su investigación sobre el destino de sus compañeros de promoción, continúa buscando información sobre el resto del estudiantado del Nacional Buenos Aires y llega a identificar a un total de 98 personas como víctimas del terrorismo de estado. En octubre de 1996, junto con las Madres de la Plaza de Mayo, algunos de sus compañeros y la asociación de estudiantes, Brodsky organiza en el Colegio una ceremonia en honor de los 98 desaparecidos. Durante la ceremonia, Brodsky hace una instalación de sus fotografías y fotografía a la nueva generación de estudiantes observándolas.

La técnica de las fotografías de Brodsky refleja la distorsión y las capas de la memoria. Hay tres generaciones y capas de retratos. Primero, la foto 'original' tomada por un fotógrafo desconocido al grupo de estudiantes del colegio, agigantada, y por lo tanto distorsionada, y anotada por Brodsky. Esta fotografía es después usada como fondo de una segunda generación de retratos, los que Brodsky tomó a sus compañeros del colegio entre 1992 y 1994. Luego, Brodsky fotografía los reflejos en el vidrio de quienes observan la exhibición de las fotografías, entre ellos, la nueva generación de estudiantes en el mismo colegio al que Brodsky y sus compañeros retratados asistieron. Produce así una tercera generación de retratos. Los desaparecidos sólo están presentes sin distorsión en el retrato original. No hay una segunda generación de sus retratos pero sí están presentes en una imagen distorsionada por la ampliación, dando profundidad y contexto a los retratos de los sobrevivientes. Estas imágenes proponen a la memoria como un palimpsesto, un proceso constante de escritura y reescritura, tachaduras, superposiciones, integraciones y distorsiones. La intervención de Brodsky sobre una imagen de su album personal contribuye a que el *punctum* no se dirija a un sujeto solamente, no sea una experiencia privada, como proponía Barthes, sino de grupo. Con el rescate de la fotografía original y las posteriores intervenciones el recuerdo personal adquiere un significado colectivo.

La segunda parte del proyecto de Brodsky incluye otras fotos de su album de otras dos víctimas fatales de la represión: su hermano Fernando y su amigo Martín. José Pablo Feinmann, uno de los ensayistas del libro, comenta la inclusión de estas fotos como un intento de Brodsky de asignarle a su hermano un lugar en la memoria, de sustraerlo de ser uno más entre las víctimas, uno más entre una cifra que horroriza, 'ganándole ... un espacio a la muerte, un espacio al olvido'. Compara este gesto con la insistencia de las Madres de la Plaza de Mayo de circular con las pancartas que exhiben los rostros de sus hijos desaparecidos: ' "Mírenlos", dicen, "eran así. No eran un número. Eran estas caras que están viendo. Y cada una de esas caras era la de un ser que deseaba vivir y amar y luchar." La restitución del rostro sólo surgirá de la obstinación de la memoria' (18–21).

Intimidad y memoria: relato testimonial en *Cazadores de utopías*

Antes de ser deportado al campo de concentración nazi, el sociólogo Maurice Halbwachs estaba trabajando en un libro clave para los estudios de la memoria, *La mémoire collective* (*On Collective Memory*), que se publicó después de su muerte en Buchenwald. Halbwachs desarrolló el concepto de memoria colectiva con el que designa ciertas formas de conciencia del pasado, compartidas por un conjunto de individuos. Halbwachs estableció una distinción entre memoria histórica, que sería una memoria estudiada, escrita, pragmática y unificada, y la memoria colectiva que, por el contrario, sería una memoria producida, oral, normativa y plural. La memoria colectiva es una categoría algo difusa que podría entenderse como una representación autónoma del pasado que se origina en un conjunto de memorias individuales. Hay, entonces, cierta dinámica entre memoria individual y memoria colectiva. Aunque exista un repertorio de recuerdos constitutivos de la memoria colectiva de una sociedad, la evocación de estos recuerdos es una tarea individual. Lo que propone Halbwachs es que las memorias individuales están enmarcadas socialmente: 'it is in society that people normally acquire their memories. It is also in society that they recall, recognize, and localize their memories' (38). El marco social de la memoria funcionaría como 'una matriz grupal dentro de la cual se ubican los recuerdos individuales' (Jelin *Los trabajos* 20).[2] En esa matriz se interrelacionan múltiples

---

[2] Frente a la posible lectura de Halbwachs que interpreta la memoria colectiva como la afirmación de su existencia independiente de los individuos, como datos dados, Elizabeth

colectivos: familiares, grupales, sociales, sectoriales. De modo que el acto de recordar nunca se produce en soledad sino con la participación de los recuerdos de otros y con los códigos culturales compartidos, aun cuando las memorias personales son únicas y singulares. La experiencia de compartir es una de las formas en que la memoria adquiere sentido. Para Halbwachs la memoria colectiva sólo retiene del pasado lo que permanece vivo o que es capaz de vivir en la conciencia del grupo que la sostiene.

En Argentina, con el corte que el terrorismo de Estado instala en la vida política y social, se produjo la imposibilidad de narrar los acontecimientos sociales y políticos de las décadas del 60 y el 70. Con la vuelta a la democracia, Argentina transitó por varias políticas de memoria y olvido. Inmediatamente después de la asunción de Alfonsín (diciembre de 1983), el primer presidente elegido tras la dictadura militar, la presentación del informe de la Comisión Nacional sobre Desaparición de Personas, el *Nunca más*, y el juicio a las Juntas Militares promovieron una entrada a revisar el pasado; esa revisión, según sostienen varios analistas políticos,[3] estuvo enmarcada por la teoría de los dos demonios que mencioné en capítulos anteriores, por la que se atribuía responsabilidad de la violencia pasada a los militares por un lado, a la guerrilla por el otro, dejando al resto de la sociedad como testigo impávida. Con los sucesivos gobiernos democráticos se promulgaron variaciones de leyes de amnistía e indulto: en 1986, la ley de Punto Final que determina una fecha límite para prestar declaración de los acusados de cometer violaciones a los derechos humanos; en 1987, la ley de Obediencia Debida que discrimina grados de responsabilidad por lo que sólo los altos mandos son inculpados, y en 1990, el Indulto tanto para militares como para civiles involucrados en actividades guerrilleras. Estas leyes, con el pretexto de una supuesta fragilidad de la democracia o la necesidad de pacificación nacional, intentaron cerrar la posibilidad de llevar a su término la acción legal contra quienes ejercieron el terrorismo de Estado. En 'Los relatos sobre el pasado reciente en Argentina', María Sonderéguer describe una suerte de 'pacto' en los años 80, 'sostenido por el temor a la repetición de un pasado traumático ... Ese pacto político, e ideológico-cultural, unido a las condiciones que la lógica neoconservadora impuso al desarrollo y a la racionalidad de la democracia, diseñó una política de la memoria' (102): el olvido. Recién en los últimos años, como ya mencioné anteriormente, acompañando la apertura de nuevas causas legales de violaciones de derechos humanos, la derogación de las leyes de Punto Final y Obediencia Debida (en el 2001), la planificación y construcción de parques y

---

Jelin prefiere entenderla 'en el sentido de las memorias compartidas, supuestas, producto de interacciones múltiples, encuadradas en marcos sociales y en relaciones de poder. Lo colectivo de las memorias es el entretejido de tradiciones y memorias individuales, en diálogo con otros, en estado de flujo constante, con alguna organización social y con alguna estructura, dada por códigos culturales compartidos' (22).

[3] Véase en particular la colección de ensayos *Juicio, castigos y memorias. Derechos humanos y justicia en la política argentina*, recopilada por Carlos Acuña.

museos de la memoria, hay una creciente proliferación de relatos que han empezado a contar la historia de la militancia política.

Cazadores de utopías de David Blaustein, estrenado en 1996 exactamente 20 años después del golpe militar, es uno de estos relatos. El documental presenta testimonios de cuadros intermedios del grupo Montonero, brazo armado del peronismo, que cuentan sus recuerdos e interpretaciones de su militancia antes y durante el gobierno militar.[4] Me detendré sólo en uno de los testimonios: el de Graciela Daleo sobre su secuestro y tortura. En la escena sólo se ven una pared semidespintada y un colchón sobre el que Daleo está sentada. En su relato es obvio que la elección del espacio y los objetos en la escena no son casuales, recrean el espacio de la tortura: el colchón en el que duerme en centro de detención es 'un colchón como éste'. Mientras habla a cámara se cubre las piernas con su vestido y en numerosas ocasiones se coloca en posición fetal. Habla sobre el orgullo de no haber hablado, su intimidad ultrajada (no sobre violación), y la recuperación de su intimidad durante el baño aunque registre la mirada de los torturadores. Cuando la secuestraron iba camino a depilarse, cuando la desnudan para torturarla (cuenta con más detalle cómo y qué ropa le sacan que cómo la torturan) piensa 'y yo sin depilar' (menciona que otra prisionera le dijo que pensó lo mismo). En su relato recupera detalles ocurridos durante las sesiones de tortura que hablan sobre reacciones personales tanto de víctimas como victimarios: cuenta que en un momento se pone a rezar cuando se le sale la capucha que le cubre la cabeza y ve a su torturador, Pernías, en plena acción, con la imagen de la virgen colgada del cuello y los ojos desorbitados. Pernías la insulta y le exige que deje de rezar.

Al relato de Daleo se intercalan relatos de otros sobrevivientes. Luis Salinas, cuyo fondo es un tren en marcha, define el momento de la tortura como el momento de mayores transacciones políticas: qué se dice, qué no se dice, qué quieren que uno diga y que no va a decir uno. El contraste entre estos dos testimonios refleja ciertas expectativas relacionadas con experiencias de género. Mientras Daleo está pensando en su intimidad y en un hecho trivial ligado a su vanidad femenina ('y yo sin depilar'), Salinas piensa en la tortura como un acto político de ambas partes, una transacción entre torturador y víctima. La voz de la mujer centra su relato en el sufrimiento de la represión, en sentimientos, en subjetividades y experiencias personales. La voz masculina, en cambio, en la épica de la lucha política. No sólo la forma en que hablan sobre la tortura sino la puesta en escena, los lugares en los que los sobrevivientes testimonian, funcionan como un reflejo de la división de género del testimonio. El relato

---

[4] María Sonderéguer resume las reacciones posteriores al estreno de la película, publicadas en el periódico *Página 12*, con en el siguiente párrafo: 'En la polémica hay por lo menos dos ejes enfrentados, que elaboran sendas teorías acerca de cómo se recupera la memoria: el recuerdo y reconstrucción de los años setenta es patrimonio de la conciencia subjetiva de sus actores (que también es la hipótesis del documental *Cazadores de utopías*), o debe hacerse desde los años noventa, como rememoración colectiva, que es la propuesta de Cerruti (de los setenta se habla como protagonista o como observador)' (104).

de Daleo que empieza hablando de la vanidad femenina, es recogido en la intimidad de un espacio cerrado, el de Salinas, en un transporte público.

Garage Olimpo: reposición de imágenes de la memoria

En *Los hundidos y los salvados*, Primo Levi propone que la convivencia entre prisioneros y victimarios en el interior de los campos de concentración nazi de la Segunda Guerra Mundial tiene como resultado un microcosmos intrincado y estratificado. Para hablar de este microcosmos, Levi desarrolla el concepto de 'zona gris' con el que describe 'la maraña de los contactos humanos en el interior del Lager'. Con este concepto, Levi desafía la tendencia a santificar a las víctimas. Para él, el campo de concentración no hace héroes de sus víctimas, 'por el contrario, las degrada, las asimila a él, y tanto más cuanto más vulnerables sean ellas, vacías, privadas de un esqueleto político o moral' (35). Levi plantea que las condiciones de coerción, exacerbadas por la metodología Nazi de instaurar un sistema de privilegios, logran tal degradación que las víctimas se enfrentan entre sí con tal de lograr sobrevivir. 'Cuanto más dura es la opresión, más difundida está entre los oprimidos la buena disposición para colaborar con el poder. Esta disposición está teñida de infinitos matices y motivaciones: terror, seducción ideológica, imitación servil del vencedor, deseo de poder ..., vileza e incluso, un cálculo lúcido dirigido a esquivar las órdenes y las reglas establecidas' (38).

Pilar Calveiro, socióloga y sobreviviente de la ESMA (Escuela Mecánica de la Armada), uno de los centros de detención y tortura más emblemáticos de la dictadura, en un ensayo que abre una nueva zona de reflexión analiza la experiencia concentracionaria y 'las zonas grises' en Argentina. Calveiro no propone la vida en los campos de concentración como un hecho aberrante y aislado en la Argentina de los 70 sino que la integra al contexto más amplio de la dictadura y así trata de dar respuesta a otra pregunta más amplia: ¿qué revela el campo respecto de ese 'orden' mayor que imperaba en la sociedad? (Vezzetti 'Representaciones' 16).

Una de las maneras en que la literatura y el cine argentinos eligieron representar esta degradación de la experiencia concentracionaria (y por extensión, social) es a través de la relación entre prisioneras y torturadores. Dos ensayos recientes analizan la recurrencia de esta temática en la producción cultural argentina y siguiendo la línea de Calveiro intentan encuadrarla en un contexto más amplio. Los dos ensayos, 'Traiciones. La figura del traidor (y la traidora) en los relatos acerca de los sobrevivientes de la represión' de Ana Longoni y 'Historias de amores prohibidos' de Fernando Reati, proponen una operación similar que sintetizo, en palabras de Longoni, como un intento por 'considerar cuánto de esa lógica perversa del terror concentracionario se expandió fuera de los límites del campo y ... nos alcanzó también a cada uno de nosotros' (238). Los dos ensayos trabajan con una sospecha similar: la acusación de traición que la figura de la prisionera 'enamorada' de un torturador conlleva es una proyección, para Reati, del horror con que la sociedad piensa su rol durante la dictadura o, para Longoni, de 'las dificultades (de las organizaciones políticas, de la izquierda, del movimiento de derechos humanos, de parte de la sociedad) para admitir una derrota del proyecto revolucionario y la imposibilidad de ejercitar un balance (auto) crítico acerca de las formas y el rumbo que asumió la militancia en los años setenta' (238).

La relación entre torturador hombre y víctima mujer que relata 'Cambio de armas' de Luisa Valenzuela se vuelve una temática muy frecuentada en Argentina de la posdictadura en testimonios, ensayos, testimonios ficcionalizados, cuentos y novelas. Entre muchos otros textos en los que se trata esta problemática figuran *Recuerdos de la muerte* de Miguel Bonasso, *El fin de la historia* de Liliana Hecker y los ensayos *El estado terrorista* de Eduardo Duhalde, y el de Andrés Di Tella, que ya en su paradójico título 'La vida privada en los campos de concentración' propone un imposible.

En 1999 el director chileno-argentino-italiano Marco Bechis, filmó una versión más de esta historia en una coproducción entre Italia, Francia y Argentina. *Garage Olimpo* no sólo cuenta la historia entre víctima y victimario, es también un intento de ponerle imágenes a la pesadilla colectiva que fue el régimen de la dictadura militar en Argentina en un lenguaje cinematográfico que pueda ser 'consumido' tanto en Argentina como a nivel internacional, en particular en los países que coprodujeron la película. *Garage Olimpo* se comenzó a filmar al mismo tiempo que el estado argentino se comprometía a iniciar los juicios por la verdad, como resultado de la apelación presentada por Carmen Lapacó, defendiendo su derecho a conocer el paradero de su hija desaparecida en 1977, cuando todos los caminos conducentes a condenar a los represores se habían cerrado.[5] De esta forma, *Garage Olimpo*, acompaña a un proceso en que vuelven a ponerse en circulación historias de la represión. De allí que la estrategia de campaña publicitaria de la productora de *Garage Olimpo* tuviera como aliada a la organización HIJOS, que contribuyó a empapelar la ciudad de Buenos Aires, la misma que parece indiferente en la película, con fotografías

---

[5] Durante 1998, la Corte Suprema de Justicia de la Nación resolvió en el caso de Alejandra Lapacó, hija de Carmen, que la investigación por derecho a la verdad no podía continuar su trámite. El motivo de dicha resolución fue que el único objeto de un juicio penal es comprobar la existencia de un hecho punible y descubrir a los autores, objetivo que se encontraba impedido en virtud de las leyes de impunidad (Ley de Obediencia Debida y Punto Final). A partir del fallo de la Cámara Federal de Apelaciones negando el derecho a verdad de Carmen Lapacó, se interpuso un recurso extraordinario ante la Corte Suprema que finalmente fue rechazado. Sin embargo, la clausura de la investigación de los crímenes cometidos durante la última dictadura militar viola la Convención Americana. El caso demostró que los tribunales no habían actuado conforme a la obligación del Estado de investigar lo sucedido y garantizar el derecho a la verdad de los familiares y la sociedad en su conjunto. El Estado entonces intervino y se comprometió a iniciar los juicios por la verdad. Para más información sobre estos juicios (y otros) puede consultarse http://www. derechos.org/nizkor/arg/juicios/.

que aludían a los años de plomo: una mujer con los ojos vendados, un encapuchado, pasaportes, alas de aviones militares, etc.[6]

En la película, María, la protagonista de la película, vive con su madre en una casa grande. Para solventar los costos de esta casa, alquilan habitaciones. En una de esas habitaciones vive Félix, un joven retraído de quien sólo se sabe que trabaja en un garage y que se siente atraído por María. María es una militante (no se dice de qué agrupación) y se dedica a tareas de alfabetización en una villa miseria. Una mañana un grupo paramilitar irrumpe en la casa, secuestra a María y se la lleva al Garage Olimpo, en pleno centro de la ciudad de Buenos Aires. A partir de ese momento la película muestra la vida cotidiana en ese centro clandestino de detención. María es asignada a Félix, el inquilino de su casa y, ahora sabemos que no es un mecánico en un garage sino torturador del Garage. Félix asume el rol de interrogador, torturador y 'protector' de María. Entre tanto la madre de María busca, sin obtener resultados positivos, ayuda de personas 'influyentes' para recuperar a su hija. Finalmente es extorsionada (le piden que ceda su casa a cambio de liberar a su hija) y ejecutada por uno de los torturadores de Garage Olimpo. Al final de la película, después del asesinato de un alto militar, deciden 'trasladar'[7] a todos los prisioneros del Garage. María es arrojada al río desde uno de los 'vuelos de la muerte'.

Aunque indudablemente *Garage Olimpo* es una ficción, tiene elementos autobiográficos y extraídos de testimonios de víctimas reales. El mismo Bechis estuvo secuestrado y sometido a torturas en un campo de concentración y además buscó asesoramiento de otros prisioneros para filmar la película. El tipo de iluminación y el uso de cámara en mano en las escenas filmadas en el centro de torturas es también una declarada intención de asociar a *Garage Olimpo* con el género documental. En la entrevista con Barbara Gallota, Bechis sostiene:

> Fílmicamente lo que me propuse fue encontrar un estilo documental en la parte de abajo, o sea cámara en mano, las luces (las que se utilizaron en los subterráneos son las luces que se ven: una lamparita, un neón pero nada más) no hay ningún artificio ... Para mí lo de abajo era la realidad y lo de arriba era la ficción ... Por lo cual lo de arriba tiene todas las reglas de la ficción: carritos, luces artificiales, y la puesta era para la cámara.

Aunque no existió un centro de torturas llamado Garage Olimpo, sí hubo

---

[6] La magnitud de la campaña publicitaria previa al estreno no logró una respuesta masiva de público. La película se estrenó en septiembre de 1999 y estuvo pocas semanas en cartelera. Según figura en la carta que Bechis envía a *El amante* (octubre de 1999), el número de espectadores que asistieron al estreno fue de 30.000, la misma cifra que los organismos de derechos humanos señalan como la cantidad de desaparecidos en Argentina. El inesperado simbolismo del número de espectadores refuerza la circulación de imágenes de la dictadura. Por otra parte, al establecer el paralelismo entre número de desaparecidos y número de espectadores, Bechis está intentando enfatizar la significación política que él le atribuye al film. Más adelante me referiré a la relación de la película con lo político.

[7] En la jerga de la represión en los centros de detención, 'traslado' era el eufemismo de asesinato.

uno conocido como El Olimpo y otro, Automotores Orletti, que era un garage. El Garage de la película es una especie de síntesis de varios campos reales. La relación entre los protagonistas de *Garage Olimpo*, Félix y María, torturador y víctima, está contada sobre un reticulado de episodios verdaderos que son ya parte del recuerdo colectivo: los 'vuelos de la muerte' desde donde las víctimas de la represión eran arrojadas vivas, drogadas, al Río de la Plata para que sus cuerpos desaparecieran en el mar; el atentado contra el jefe de la policía, Cesáreo Cardoso, llevado a cabo por la amiga de su hija; la codicia de los represores que se apropiaban de pertenencias, inmuebles e hijos de los desaparecidos; el caso de Mario Villani, detenido–desaparecido que después de una primera negativa, elige reparar una picana eléctrica para evitar que sus compañeros de encierro sufrieran un método de tortura aún más cruento; el trabajo esclavizado de los desaparecidos; los 'traslados', las salidas a secuestrar personas, la tortura, la música a alto volumen para tapar los gritos de las víctimas; el colaboracionismo de la Iglesia y de las clases acomodadas.

La novedad de la película para el cine argentino no está en la historia que cuenta sino en el tono, similar al de las películas recientes sobre el Holocausto como *Schlinder's List* o *La Vita è Bella*, en las que se trata de recuperar la experiencia cotidiana en los campos de concentración.[8] *Garage Olimpo* presenta el centro de tortura como un lugar de trabajo pretendidamente rutinario y corriente. Los conflictos entre los represores del Olimpo se muestran como si se tratara de la opresión de un ambiente de oficina (evoca el clásico film argentino *La tregua* de Sergio Renán basado en la novela del escritor uruguayo Mario Benedetti). La película presenta la máquina de la muerte. Los torturadores de la película no hacen su trabajo con la claridad ideológica que despliegan los nazis de las típicas películas norteamericanas; son más bien trabajadores rutinarios que marcan tarjetas con el horario de ingreso y de salida y tratan de ser eficientes en sus labores. En *Garage Olimpo* no hay malos perfectos ni demonios. Los torturadores hablan con naturalidad con su familia, cumplen sistemática y eficientemente con su trabajo, necesitan consultar una tabla para decidir cuánta carga eléctrica aplicar sobre los cuerpos de sus víctimas, tienen momentos de ocio en los que juegan al ping pong como si estuvieran en un club, también se enfrentan por rivalidades mezquinas. La rutina del campo de la muerte por un lado hace más verosímil lo inverosímil, por otro, vuelve más monstruosos a los genocidas por lo que Hannah Arendt llamó 'banalidad del mal' (refiriéndose específicamente a Eichmann, el general nazi capturado en Argentina en 1960 por el servicio de inteligencia israelí): la maldad no se deduce de la psicología del torturador, sino de su obediencia irreflexiva (no ideológica) a un sistema de normas creadas para la aniquilación de personas.[9]

---

[8] Eduardo 'Tato' Pablovsky ya había intentado un acercamiento similar en su obra de teatro *El señor Galíndez* (1973) en la que en la escena inicial hace pensar a los espectadores que la acción ocurre en una oficina, pero según avanza la acción, se vuelve evidente que se trata de una sala de tortura.

[9] Hannah Arendt asistió al juicio contra el genocida Adolf Eichmann como reportera de la revista *New Yorker*. *Eichmann in Jerusalem* es el resultado de este informe. Arendt señala

Aunque la acción ocurre en un centro de tortura, la película nos ahorra las escenas de violencia física. Se ve al torturador preparando sus 'herramientas de trabajo', se oyen sólo algunos gritos y se ven los devastados cuerpos de María y otras víctimas. La película se deja ver: ninguno de los angustiantes 85 minutos de duración obliga al espectador a cerrar los ojos o mirar en otra dirección. Sin embargo, hay un cierto manejo con el sonido que reproduce en los espectadores la experiencia de estar con los ojos vendados, como en el campo de concentración. Apenas llega al garage, uno de los torturadores le dice a María: 'Este es el mundo de los sonidos para vos. A partir de ahora no vas a ver nunca más.' Los sonidos en la película nos anticipan las escenas. Escuchamos la voz del Tigre (comandante del garage) antes de verlo, la escena en la que María está en la villa como alfabetizadora empieza primero con su voz y después la imagen, el ruido de avión también precede a las tomas de sobrevuelos. La mayoría de los cierres de toma tienen fundido a negro y continúan el sonido mientras la pantalla está oscura. Las escenas de violencia se intuyen mediante el uso del sonido. La imagen de la tortura es reemplazada por la de una radio como las que se usaban en los campos para ahogar los gritos de dolor. El plano detalle de la radio y su sonido exagerado intensifica la presencia de la violencia física que no se muestra. El 'efecto documental' con que las escenas en el centro de torturas están filmadas también dificulta la visión de lo que ocurre.

Pero si bien los espectadores compartimos con los prisioneros el mundo de los sonidos, la cámara nos permite también acceder a la mirada de los represores. Tenemos acceso a los monitores de vigilancia de Garage Olimpo, desde donde vemos las mismas escenas que el Tigre y, junto a los militares, nos convertimos en los únicos sobrevivientes de los vuelos de la muerte.

La película captura la cotidianeidad del horror tanto en el centro de tortura como en la misma ciudad de Buenos Aires. Las imágenes aéreas de la ciudad aluden a los vuelos de la muerte. Muestran un río cargado de significados históricos y simbólicos. El resto de las imágenes urbanas, intercaladas durante toda la película, dan al espectador un respiro del agobio de la rutina del terror pero también muestran una ciudad en donde la vida cotidiana 'normal' es posible, aunque se cuele por las alcantarillas la música que cubre los gritos o no haya más que espiar por una puerta para presenciar el horror. El mundo de arriba, la ciudad tranquila con cielos diáfanos, convive en paralelo, distanciada pero también cómplice, en constante contacto con el horror del mundo de la tortura. La ciudad que nos muestra la película, inundada de luz, se niega a ver.

---

que no podía hablarse de Eichmann como de convencido anti-semita ni como de un psicópata. En cambio lo clasificó como una personificación de la 'banalidad del mal': aparecía en el juicio como si tuviera una personalidad normal, sin demostrar odio ni culpa. Para ella esto era una muestra de que los criminales nazis no eran enfermos mentales ni se diferenciaban tan claramente de las personas comunes. En el juicio, Eichmann se revelaba más como un meticuloso burócrata obstinado en hacer su trabajo con corrección que como un monstruo responsable del exterminio de millones de personas. Arendt llama 'banalidad del mal' a la práctica rutinaria del horror basada en el cumplimiento de órdenes y tareas, sin dudas ni remordimientos.

No hay 'grises' en esta ciudad. La cámara que sobrevuela la ciudad nos sugiere a la vez vigilancia (uno de los sobrevuelos ocurre de noche y hay luces que van 'barriendo' la ciudad) y nos muestra una ciudad testigo pero también indiferente, en su circular cotidiano de automóviles y personas.

Señalé anteriormente la importancia de reponer imágenes en la coyuntura política de Argentina. La representación del pasado confronta el presente de la impunidad (de allí la participación de HIJOS en la promoción de la película) y por eso esta película puede clasificarse bajo el rubro de cine político. Sin embargo proponer lo cotidiano como a-político es una de las fallas de *Garage Olimpo*. La participación política de los jóvenes de la película se da desde la más desenfadada ingenuidad. Algo similar ocurre en *La noche de los lápices* (1986) de Héctor Olivera, una de las primeras películas argentinas sobre los campos de concentración, en la que se borra la militancia política de los protagonistas y se los presenta como niños inocentes, víctimas aleatorias del régimen militar. Pareciera que en estas películas, que intentan inscribirse a contrapelo de la teoría de los dos demonios desarrollada en el prólogo del *Nunca más*, hablar sobre el compromiso político de una generación que intentó transformar al país mediante la lucha armada, justificaría un plan sistemático de exterminio. La condena al régimen opresor que sin duda *Garage Olimpo* hace también pierde peso cuando consideramos la forma tradicional en que distribuye los roles sexuales. La estrategia de resistencia de María (la 'maestrita' en lugar de la militante) es el silencio y la pasividad. Soporta la tortura sin hablar (y sin gritar) y cuando nos muestran su cuerpo después de la sesión de picana, está inerte, inconsciente.

Los hombres de la película, en cambio, se enfrentan a la tortura a lo macho, pataleando, insultando, desafiando al poder totalizador del torturador, recurriendo a la última manifestación de control sobre sus vidas, el suicidio (o por lo menos el intento).[10] Es cierto, como señala Amy Kaminsky en 'Marco Bechis' *Garage Olimpo*', que, si María representa la imagen icónica de la mujer vendada, despojada de todo agenciamiento y sometida por completo al hombre que usa el aparato del estado totalitario para 'conquistarla', la película comienza y casi cierra con otra figura femenina que logra exitosamente desafiar a este ordenamiento. Se refiere Kaminsky al personaje de la joven que pone una bomba bajo la cama del Tigre, comandante de Garage Olimpo. Sin embargo, si la figura de la amante del represor se identifica con la figura de la traidora en el imaginario argentino, como proponen Longoni y Reati, la joven guerrillera evoca otra vez la traición. Logra eliminar al personaje más cruel de la película aprovechando –y traicionando– la confianza de su amiga, la hija del Tigre.

La línea principal del argumento de *Garage Olimpo* habla sobre la subyugación de María. Las imágenes del cuerpo femenino, conquistado y derrotado por la autoridad masculina hacen pensar en la tendencia de identificar la

---

[10] En *Ese infierno*, las autoras atribuyen a una manifestación extrema del absoluto poder sobre los secuestrados la importancia que representaba para los torturadores evitar suicidios o buscar atención médica en casos extremos. Los torturadores se reservaban la prerrogativa de decidir quienes viven y quienes no.

situación nacional con lo femenino. La película propone visualizar y dar significación a la indignidad y el horror de los abusos a los derechos humanos pero lo logra apelando una vez más a enquistadas imágenes de lo femenino.

Los rubios: composición de imágenes de la memoria

En años recientes, a través de documentales y películas de ficción, el cine argentino representa a los hijos de los desaparecidos como la prolongación presente de los horrores de la dictadura militar. El punto de contacto de la mayoría de las películas cuyos protagonistas son hijos de desaparecidos[11] pareciera ser la tentativa de establecer lazos entre presente y pasado, aspirando a recuperar el pasado 'tendiendo un puente con la generación de los padres e intentando preservar un legado que se mantiene a salvo de toda crítica' (Bernardes). La película *Los rubios* de Albertina Carri cuestiona esos lazos y elige la ausencia y el vacío como tema y como forma de transmisión de un legado de una generación diezmada por las desapariciones.

Albertina Carri, directora y guionista de *Los rubios*, es la menor de las tres hijas de Roberto Carri y Ana María Caruso, intelectuales militantes de la organización Montoneros. La directora de la película tenía 3 años cuando sus padres fueron secuestrados y presumiblemente fusilados después de haber pasado por un centro de detención y tortura.

Los rubios comienza con un viaje al origen: el equipo de filmación va al barrio donde Albertina Carri vivió con sus padres y dos hermanas. Como invitación a que la memoria y la imaginación reconstruyan la escena del crimen, Carri se lanza con su cámara a entrevistar a posibles testigos del paso de su familia y el secuestro de sus padres en el barrio de La Matanza, visita la casa en la que vivió con sus padres, la comisaría en la que funcionó el centro de detención en el que estuvieron sus padres (el 'Sheraton', según el siniestro sentido del humor del terrorismo de Estado) y recorre el barrio. En La Matanza los recuerdos de infancia de la protagonista se desdoblan en los relatos imprecisos y contradictorios de un grupito de niños, que por sus edades obviamente no habían nacido cuando ocurrió lo que pretenden saber que ocurrió en la casa donde vivieron los Carri. Las fantasías y memorias infantiles aparecen varias veces en la película y tienen su momento cumbre en una animación de muñecos Playmobil. Estos muñecos animados construyen la ilusión de una vida familiar idílica, una ficción de la intimidad familiar, hasta que una nave espacial se lleva a los padres. Relato fragmentado, el film presenta también entrevistas a familiares y amigos, lectura de textos (citados por Carri padre, entre otros), visitas al Centro de antropología forense, al campo, a una peluquería, etc.

---

[11] *Botín de guerra* (2000) de David Blaustein, *Hijos* (2001) de Marco Bechis, *Nietos: identidad y memoria* (2004) de Benjamín Avila, *Papá Iván* (2000) de María Inés Roqué, *Kamchatka* (2002) de Marcelo Piñeiro, son algunas de las películas recientes que tienen a los hijos de desaparecidos como protagonistas, temática tempranamente inaugurada por *La historia oficial* (1984) de Luis Puenzo.

La directora que vemos al principio de la película entrevistando a distancia a través de una reja a sus antiguos vecinos, resulta no ser la verdadera realizadora de la película, sino una actriz, Analía Couceyro, según se explica después en otra escena en la que la actriz directamente enuncia: 'Soy Analía Couceyro y en esta película represento el personaje de Albertina Carri.' Y como la misma Albertina Carri aparece en la película, detrás y delante de cámara, en su papel de directora de la película, la primera y la tercera persona se alternan, creando un distanciamiento y al mismo tiempo una doble intensidad del enunciado que se define por la dificultad de fijación: las tomas se corrigen y repiten en escena (en una de ellas Carri le pide a Couceyro que no diga tanto 'yo'). Todo queda registrado.

Los rubios reclama un nuevo espacio en el contexto de las luchas por la representación del pasado. Hacer memoria implica cierto tipo de repetición. Las rondas de los jueves de las Madres en la Plaza de Mayo, los símbolos con los que representan su lucha (pañuelos, siluetas, fotos), las conmemoraciones de ciertas fechas, constituyen representaciones ritualizadas. En *Los rubios* hay un trabajo de la memoria que impide la repetición ritualizada. Más que repeticiones hay reelaboraciones a través de la combinación de distintos elementos que van de la mezcla de géneros como el documental, la ficción y la animación, a la inclusión de lecturas, fotos, intertítulos, relatos de amigos y vecinos, visitas al campo y a la casa donde vivió la familia, ensayos de filmación o tomas con errores y tomas finales, televisores y voces fuera de cámara, tomas en color y en blanco y negro, pelucas rubias. Todos estos recursos estilísticos y narrativos, en su heterogeneidad producen una liberación de formas, un exceso para hablar de la ausencia. Según el diario de la película leído en la película, *Los rubios* se propone 'exponer a la memoria a su propio procedimiento'. Por eso acumula todos los rastros y todos los formatos posibles (incluyendo olvidos, ficciones y fricciones) para que se pongan en juego y multipliquen incontables sentidos posibles.

Como todo recuento de la memoria, el relato de *Los rubios* se apoya en representaciones preexistentes pero cuestiona y desencaja estas representaciones. El equipo de filmación interroga a vecinos testigos de la vida de la familia y del secuestro de los padres. El título y la presencia de pelucas rubias en la película proviene del recuerdo erróneo sobre la fisonomía de los Carri de una de las vecinas, la misma que relata con detalle el operativo del secuestro de la familia Carri: la madre señala la casa de la vecina como propia para dar tiempo a que la familia escape pero la vecina redirige al grupo paramilitar a la casa de 'los rubios' desde donde se solía escuchar una máquina de escribir hasta altas horas de la noche, señal de que 'en algo andarían'. La etiqueta 'Los rubios' marca la extranjería que se reactualiza en el presente circuito del equipo de filmación: 'Lo que era extraño era cómo llamábamos la atención en ese lugar. No sólo por las cámaras. Eramos como un punto blanco que se movía y era evidente que no éramos de ahí. Eramos como extranjeros para ese lugar. Me imagino que parecido a lo que pasaba con mis padres. Estábamos desde otro lado,' dice la actriz que interpreta a Albertina Carri.

Los rubios propone una fuga de las imágenes que trata de recomponer *Garage Olimpo*. El gesto de *Los rubios* no es ya restaurar imágenes conocidas sino más bien instalar el trabajo de la memoria en la tensión entre el recuerdo emblemático y ritualizado y el recuerdo personal. El film *Los rubios* de Albertina Carri, elige un camino radicalmente diferente para hablar de la memoria. Podría entenderse a la vez como un homenaje a los padres y como una búsqueda de su propia identidad en un juego de tensiones entre la memoria personal y la memoria de los otros. En este homenaje y/o búsqueda no propone crear imágenes inalterables sino más bien variaciones, alternativas. La película es un intento de recuperar momentos íntimos, pero no fijándolos sino más bien cuestionando la posibilidad de un relato normalizado. El tipo de narración elegido por la película pone al descubierto el artificio (los mecanismos de construcción), está fragmentado y aparentemente desestructurado.

Uno de los relatos intercalados en la película expone de manera explícita las tensiones entre memoria individual y memoria pública. La actriz que interpreta a Carri cuenta que va a enmarcar una de sus fotos tomada en el interior de un edificio. En el negocio de los marcos se encuentra con un 'trabajo de fotos increíble' tomadas en un matadero. La amiga que la acompaña mira las fotos de las vacas y comenta 'a esta persona la torturaron'. 'La autora de las fotos se llamaba Paula, tan sólo Paula, y el marquero no tenía más datos', dice Couceyro y agrega: 'Me sentí un poco ridícula enmarcando una foto tan frívola.' Pocos días después de este episodio, cuenta Couceyro, la hermana la llama llorando: había conocido a la única persona que sobrevivió al centro clandestino donde estuvieron secuestrados los padres de Carri. Se trataba de la misma Paula de las fotos. 'Ella no quiere hablar frente a la cámara, se niega a que le grabe su testimonio. Me ha dicho cosas como: yo no hablé en la tortura, no testimonié frente a la CONADEP, tampoco lo voy a hacer ahora frente a una cámara. Me pregunto en qué se parece una cámara a una picana, quizás me perdí un capítulo de la historia del arte, no sé. Pero en ese caso, me pregunto en qué se parecerá su cámara al hacha con que matan a la vaca.'

La entrevista ocurre fuera de cámara y la actriz Analía Couceyro la relata frente a cámara: 'Ella hizo un dibujo de lo que recordaba del lugar donde estuvieron secuestrados cuya descripción minuciosa nos fue hecha en la película a través de la lectura del *Nunca más*, pero cuando le dije que lo iba a usar para el documental, se lo guardó. No quería.'

El episodio plantea la imposibilidad de una memoria individual. Mantener la memoria en privado, por más que se trate de un esfuerzo por hacerlo, resulta imposible. Paula se traiciona, su obra habla por ella. La representación de las vacas (las fotos en el matadero) se vuelve casi un sino: un torturado que sólo puede representar la tortura. Por más que insista en mantener su condición en privado, su relato se integra al relato público a través de su trabajo o de una narración indirecta.

En las palabras de la actriz que interpreta a Albertina Carri, hay también un cuestionamiento ético y estético de la representación. El registro destruye o por lo menos provoca dolor (cámara picana, cámara hacha).

Los rubios apuesta a exponer desde el cine la relación entre estética y política en el reclamo por la memoria. ¿Cómo contar el horror, la desaparición, lo que no se recuerda, el abandono, la pérdida que cifraron la identidad de una hija de desaparecidos y asesinados por la dictadura militar argentina? Si la dictadura militar ocultó, eliminó, cubrió todo aquello (incluso personas) que no se enmarcara en los parámetros de su relato totalitario, la película de Albertina Carri propone transparencia, intenta descubrir, poner en evidencia las máscaras, exponer todos los dispositivos y artificios de la filmación. Las cámaras de video y de cine registrándose mutuamente nos permiten ver 'todo': el equipo de filmación en acción, la actriz que interpreta a Albertina Carri desenmascarándose ('Soy Analía Couceyro y en esta película represento el personaje de Albertina Carri'), los diarios de filmación y demás documentos que hacen avanzar (o detener, e incluso, retroceder) la narración de la película, las tomas se corrigen y repiten en escena, el equipo de filmación discute en cámara cómo seguir o cómo llegar a destino, y también ponen en evidencia toda prescriptiva acerca de cómo hablar del horror y sus protagonistas.

En la entrevista para el portal *Espacio Cine Independiente*, ante la pregunta de Cynthia Sabat '¿cómo cambió tu vida la película?', Albertina Carri responde: 'me dio mucha paz haber contado mi propia historia. Cuando leía un libro, o veía un programa o una película sobre el tema de los desaparecidos siempre me pasaba que terminaba peleada, porque generalmente son muy solemnes y marmolizan todo. A mí siempre me enojó mucho eso, porque están hablando de mi historia pero yo no me reconocía en eso que contaban. Ahora yo ya no me voy a enojar con esas versiones porque yo ya dije lo mío.' Este comentario, como la película, refleja la inadecuación del relato público al relato privado. Hay en la película una búsqueda pero ya no de una 'verdad' socialmente legitimada sino de una narrativa que represente la historia personal. Encontrar un relato sobre los padres (o sobre su ausencia) 'propio' (en el doble sentido de 'adecuación' y 'pertenencia'): 'Tengo que pensar en algo, algo que sea película. Lo único que tengo es mi recuerdo difuso y contaminado por todas las versiones. Cualquier intento que haga de acercarme a la verdad, voy a estar alejándome.' Acercarse y alejarse, en ese vaivén se construye la película. No propone una búsqueda de una verdad sino más bien, de una versión. La estrategia de la película es evadir construcciones fijas. En una entrevista con María Moreno del periódico *Página 12* Carri declara:

> Quería evitar que los diversos elementos como los testimonios, las fotos y las cartas dejen la sensación tranquilizadora, ese 'ya está, conozco a Roberto y a Ana María y me voy a mi casa'. Lo que yo planteo es precisamente que no los vamos a conocer, que no hay reconstrucción posible. Son inaprensibles porque no están. Entonces no se trata de hacerlos presentes, que es lo que suele suceder.

Los numerosos desvíos de la película van en esta dirección. Martín Kohan advierte este desplazamiento en la escena de lectura del libro *Isidro Velásquez* de Roberto Carri: el fragmento leído en la película no de autoría del padre sino una cita que pertenece a otro, el historiador Juan Diaz del Moral (no es la 'herencia' del padre sino una lectura del padre). De manera similar, se manipulan a lo largo de la película las imágenes de los padres en las numerosas fotografías. Estas fotografías no están al servicio de que reconozcamos a los Carri a través de ellas, sólo los muestran oblicuamente cuando eran niños, recortados y mezclados con las imágenes de sus hijas. Las imágenes de las fotos adquieren un valor similar de representación que a los muñequitos de plástico Playmobil. No hay en la película de Carri restitución del rostro. El procedimiento contrasta con la retórica de las organizaciones de derechos humanos para las que las fotografías constituyeron la base para organizar el recuerdo y mantener presente la búsqueda (las Madres marchan con las pancartas con los rostros de sus hijos y todavía hoy el periódico *Pagina 12* publica recordatorios de familiares y amigos con fotografías de desaparecidos).

Los rubios trata de legitimar una versión de la historia que sin duda difiere de la de las voces autoritarias que todavía, según deja en evidencia la película, no desaparecieron del debate público pero tampoco se conforma con las voces de los compañeros de sus padres ni con una versión idealizada del pasado. Los testimonios de los amigos de los padres están siempre mediatizados, se presentan generalmente en un segundo plano a través de los monitores, que la protagonista apenas mira, como si estuvieran encapsulados y no se indica quiénes hablan, de modo que ofrecen un testimonio sin la jerarquía que podría darles el nombre propio. El film juega así con las diferencias generacionales. La película misma pone en escena los frentes de fricción al incorporar como materia la carta que le envía el Instituto Nacional de Cine y Artes Audiovisuales (INCAA) en la que explica por qué se le niega a la directora el subsidio para hacer su película. Este organismo fiscalizador de la industria cinematográfica argentina exige un formato en donde los desaparecidos sean pura presencia a través de entrevistas a compañeros de militancia política.[12] Desde el film, Carri cuestiona las políticas culturales vigentes: 'ellos quieren hacer la película que necesitan. Y entiendo que la necesiten. Pero la puede hacer otro, no yo.' En esta línea de cuestionamiento se encuadra también la crítica que publicó Martín Kohan en la revista *Punto de vista*. Lo que está en disputa en esta controversia es cuál es la forma 'correcta' de representar el pasado reciente. Si el INCAA le niega el subsidio a Carri (aunque finalmente se lo dan, según vemos en los créditos de la película), Kohan se arroga el poder de quitarle legitimidad a la obra de Carri. Si para el INCAA el proyecto de Carri no encontraba la voz

---

[12] La carta dice: 'Creemos que este proyecto es valioso y pide, en este sentido, ser revisado con un mayor rigor documental. La historia, tal como está formulada, plantea el conflicto de ficcionalizar la propia experiencia cuando el dolor puede nublar la interpretación de hechos lacerantes. El reclamo de la protagonista por la ausencia de sus padres, si bien es el eje, requiere una búsqueda más exigente de testimonios propios, que se concretaría con la participación de los compañeros de sus padres, con afinidades y discrepancias. Roberto Carri y Ana María Caruso fueron dos intelectuales comprometidos en los 70, cuyo destino trágico merece que este trabajo se realice.'

adecuada para contar la historia, Kohan la acusa de impertinente: quiere 'estar dos veces' (26), una como ella misma y otra representada, actúa de manera desconsiderada frente a los intelectuales amigos de sus padres al hacer que su alter ego les de la espalda en escena (28); remarca las diferencias de clase frente a los sectores populares y traiciona así la ideología por la que sus padres murieron (28); su elección de los muñequitos Playmobil despolitiza el secuestro de los padres (29).

Para Carri la memoria es máscara, representación. La película explora, por un lado, la manera en que la memoria individual y colectiva distorsiona o desdibuja algunos aspectos del pasado político, por otro parece sostener que toda representación falsifica lo que trata de representar: 'mi hermana Paula no quiere hablar frente a cámara. Andrea dice que sí quiere hacer una entrevista, pero todo lo interesante lo dice cuando apago la cámara. La familia, cuando puede sortear el dolor de la ausencia, recuerda de una manera que mamá y papá se convierten en dos personas excepcionales: lindos, inteligentes y geniales. Los amigos de mis padres estructuran el recuerdo de forma tal que todo se convierte en un análisis político.'

'La vez que intentaron explicarme en qué andaban mis padres no entendí ni una palabra,' dice la actriz que hace de Albertina Carri y marca así una doble distancia: el alejamiento del proyecto político de los padres y el alejamiento de *Los rubios* del corpus de películas recientes que abordan la problemática de los hijos de desaparecidos: *Botín de guerra* (2000) de Blaustein, *Hijos* (2001) de Bechis, y *Nietos: Identidad y memoria* (2004) de Avila. Estas tres películas, más allá de las diferencias entre ellas, apuestan a la posibilidad de un reencuentro con el pasado en un relato casi sin fisuras que establece una conexión directa entre la generación ausente (los padres), su legado, y la joven generación (los hijos) que está llegando ahora a los 30 años. *Los rubios* crea rupturas y huecos, reclama a la ausencia como un espacio legítimo, y construye con estas fisuras la historia de la película. La falta de linealidad en la película de Carri muestra a otro nivel un desafío a las continuidades y un cuestionamiento al cine y a la memoria. En *Los rubios* no hay duda: construir un recuerdo fiel, objetivo ('la verdad'), es imposible.

Los lugares de la memoria también son inestables. A lo largo de la película se intercalan varios fragmentos que ocurren en el campo: 'El campo es el lugar de la fantasía –dice la actriz que interpreta a Carri– o donde comienza mi memoria. ¿Cuántas veces vi llegar a mis padres en auto, a caballo, o en colectivo ...?' Cuando habla sobre su experiencia de la mudanza al campo, lo describe como un lugar idílico: 'yo tenía 5 años y me enamoré fácilmente de las vacas, los caballos, de mi tío Federico y de levantarme temprano, al alba, a acompañar a todos esos hombres fuertes y rústicos en las tareas de campo'. Después del relato que comento más arriba acerca del encuentro con la única sobreviviente del campo de concentración donde murieron sus padres, la autora de las fotografías del matadero, las varias escenas intercaladas con vacas o campo cobran una nueva significación, no ya el recuerdo idílico de la infancia, sino la tortura y la muerte (idea que se refuerza en los intertítulos con la frase del ex-jefe de policía Saint Jean que anunciaba la aniquilación de una generación). El campo recupera su valoración positiva al final de la película. Es el escenario del reencuentro no ya con su verdadera familia sino con su familia recreada (o paródica como en *El Dock* de Matilde Sánchez): el equipo de filmación, rubios como su familia nunca lo fue, caminan hacia el horizonte con pelucas exageradas. *Los rubios* pone así en escena la identidad propia y la memoria como construcción que se produce a partir de la reelaboración de relatos de otros. Una vez más el cierre de la película postula que la memoria no es más que un doblez, una máscara (o una peluca rubia), una representación.

Según señala Ana Amado la película se propone como un acto de duelo, un corte con respecto a un pasado que continúa proyectándose de manera angustiante. Y con este corte, encuentra la puerta hacia una identidad propia, despolitizada según la mirada de Kohan, o simplemente construida de diferente manera, dando prioridad a otro tipo de relaciones que no necesariamente tiene que ver con la sangre o con el partido. Desde la historia personal (y no la gran gesta política), *Los rubios* escenifica la disputa de las alternativas de representación.

Conclusiones

En la selección de textos que compone *Género y violencia*, es posible identificar dos tipos de estrategias en la representación de la violencia. Estos textos o bien representan la violencia en la escritura misma o bien hacen evidente la violencia cometida a través de una representación. Ambas modalidades están interrelacionadas y en algunos casos no están claramente separadas. La primera está asociada con lo que Teresa de Lauretis define como 'violencia de la retórica'. Con esta expresión, de Lauretis indica que son las mismas teorías de la representación las que imponen y mantienen la hegemonía de determinados sujetos. De manera que las palabras que elegimos para representar tanto al sujeto como al objeto de la violencia son una parte constitutiva de la violencia que intentan describir. Siguiendo la propuesta de de Lauretis de darle una perspectiva de género a este esquema simbólico –sintéticamente, lo femenino siempre queda en posición de objeto, nunca de sujeto– es posible sostener que en estos relatos de la violencia la invalidación del sujeto femenino ocurre no sólo en la materia que es representada sino en la forma en que se la representa, es decir, en la selección misma del lenguaje que la representa. A través de prácticas culturales de la violencia –tanto las que la sociedad acepta como las que no acepta– las instituciones –la religión, la familia, el patriarcado– y los personajes en posiciones de poder relativo inscriben en los cuerpos lo que consideran que son normas y características culturales apropiadas. La violencia controla discursivamente los cuerpos dentro del sistema de géneros, de modo que lo femenino queda codificado como lo sometido.

En la segunda modalidad de representación, la violencia se presenta como un 'hecho' –en un tono realista– que irrumpe o con el que los personajes tienen que convivir. A partir de los textos que narran una violación y la teoría de la violación es posible cuestionar la categoría de 'hecho' cuando hablamos de violencia. En el cuento 'El hombre del túnel' de Armonía Somers que analizo en el primer capítulo, la violencia se presenta como una forma puramente discursiva en la que nunca queda claro si el supuesto acto de violencia tuvo lugar o no, aunque ciertas voces imprecisas indiquen que ocurrió. ¿Qué es un 'hecho' cuando hablamos sobre violencia? Para discernir qué constituye o no constituye un hecho de violencia es necesario una interpretación y una toma de partido. El discurso de la violencia requiere una evaluación que le atribuya estatus de verdad para constituirse como tal. El 'hecho' de la violencia no existe fuera de esta evaluación. Los criterios para definir la violencia dependen de una evaluación y por lo tanto difieren de individuo a individuo. Los juicios por violaciones presentan, como queda señalado en el Capítulo I, una clara evidencia de esto. De modo que la pregunta acerca de cómo representar se vuelve crucial, puede cambiar el estatus de un hecho. El intento de lograr una forma apropiada de expresión –una respuesta adecuada al 'cómo representar'– alude no sólo a una cuestión estética sino también a una cuestión moral o política. La elección de una estética de representación en el caso de los memoriales u homenajes a las víctimas es objeto de debate político público no exento de alusiones a la moral. La propuesta de *Género y violencia* es llevar también a ámbitos más cotidianos –menos monumentales– de la experiencia. Escribir o leer acerca de la violencia es también un ejercicio de toma de posición y por lo tanto conlleva ineludiblemente una dimensión política.

En el caso de los textos que hablan en particular de la tortura en el Cono Sur durante las dictaduras militares, la dimensión política fue adquiriendo diferente significación según el paso el tiempo. Idelber Avelar en su 'Five Theses on Torture' insiste en que la práctica de la tortura durante los regímenes militares en el Cono Sur es una verdad universalmente aceptada y por lo tanto no puede ser disputada. Pero Avelar no tiene en cuenta que esta 'verdad universal' requiere todavía sanción jurídica. En el ámbito local, en los pocos casos en que los tribunales llegaron a establecer condenas, las leyes de amnistía revirtieron tal pronunciamiento. En el ámbito internacional, pese a diversos intentos de jueces españoles e italianos que incluyeron en 1998 el arresto en Londres del General Pinochet, tampoco hubo todavía sanción definitiva. Esta falta no sólo deja abierta la posibilidad a la disputa sino que, junto con la promulgación de leyes y decretos de amnistía, legaliza la impunidad. Ni siquiera las leyes locales como la que instaura la figura jurídica de 'desaparición forzada de personas' en Argentina tienen un significante que aloje el lugar del responsable del delito. La expresión 'desaparición forzada' insinúa un delito pero no un culpable.[1]

A diferencia de lo que afirma Avelar, la tortura de los regímenes militares en el Cono Sur todavía está peleando su estatus de 'verdad'. Con esta afirmación no me propongo cuestionar bajo ningún punto de vista el hecho de que se haya practicado la tortura durante las dictaduras del Cono Sur sino que quiero enfatizar un aspecto que Avelar deja descuidado. La falta de sanción judicial de la tortura en el Cono Sur refuerza mi argumento acerca de la dificultad de definir un acto de violencia y la necesidad de tomar un posicionamiento frente a él. Ciertas prácticas políticas en el Cono Sur han demostrado que se puede generar espacios alternativos de sanción social. En Argentina, los 'escraches' que iniciaron la organización HIJOS –manifestaciones junto a las casas de los torturadores en cuyo frente dejan la palabra 'asesino' pintada– y las rondas de las Madres de la Plaza de Mayo que todavía reclaman por la vida de sus hijos,

---

[1] La ley 24321, promulgada en 1994, crea la figura de 'ausente por desaparición forzada' para darle un estatus legal a los desaparecidos. Por esta ley 'los efectos civiles de la declaración de ausencia por desaparición forzada serán análogos a los prescriptos por la ley 14.394 para la ausencia con presunción de fallecimiento'. 'Desaparición forzada de personas ley 24.321', 7 junio 2007 (http://www.portalbioceanico.con/re_legnac_soceind_ desaparicion_ley24321_docs03.htm).

instauran sanciones de un orden distinto a la sanción jurídica. Estas formas alternativas de sancionar la violencia producen una inscripción. La literatura y otras formas artísticas, en otro registro, estarían produciendo otra, y se asignarían así una función social, pero ya no de denuncia como pretendían durante las dictaduras. Los textos que hablan sobre la violencia y presentan la dificultad de representar la violencia, reflejan lo inestable, lleno de cuestionamientos morales y estéticos, de una realidad aterrorizante. No intentan sanar heridas sino que insisten en que no hay una clausura posible, y llaman a confrontarse con la pérdida. Estos textos no deben considerarse como un eco del 'nunca más' sino un llamado activo a la responsabilidad de los contemporáneos que experimentan estas violencias sólo en forma indirecta.

¿Cuál es el alcance de poner en contigüidad categorías como 'género' y 'violencia'? El análisis de la violencia complica aún más las problemáticas de la identidad y la categoría de género. Este tipo de análisis abre entonces un campo de exploración en torno a cómo el discurso ha delineado la categoría de género, la forma en que las relaciones de género han sido imaginadas y practicadas, y sobre qué está en juego política y socialmente cuando se trata de definir esta categoría. Los textos analizados en *Género y violencia* no necesariamente son actos de resistencia o de transgresión a la autoridad. Sin embargo, todos ellos constituyen intentos activos de una transformación simbólica. En todos estos textos es posible señalar la presencia de una preocupación por producir –con mayor o menor éxito– nuevos significados, transformar parámetros de género tradicionales y otras estructuras sociales opresivas. El análisis del papel del cuerpo en estos textos resulta decisivo: hace entrar en crisis las representaciones de género convencionales, cuestionando su binarismo utilitario. La violencia contra el cuerpo desestabiliza la categoría de género y enfatiza su condición de construcción. También desarticula los espacios de circulación tradicionales de las mujeres. Los límites entre lo privado y lo público, la casa y la calle –o la plaza– se vuelven más imprecisos.

En mi análisis de los textos he leído el cuerpo como parte de un proceso de resignificación crítica. Los cuerpos están marcados por un significado pero tienen la capacidad de excederlo. En las narrativas de la violencia se identifica una ambivalencia de significado en la que ciertas condiciones que en el nivel de la experiencia resultan limitantes, esclavizantes o destructivas, se vuelven liberadoras, transformadoras, renovadoras. Las imágenes de destrucción con que concluyen estas narrativas de la violencia –el limbo, el silencio, la muerte, la animalización– en las que se hace evidente el dominio patriarcal, representan también intentos de las subjetividades femeninas de encontrar un afuera de lo que la dominación simbólica ha impuesto, es decir, de postular nuevos ordenamientos. Quizás de este modo la literatura y el arte en general, como espacios donde es posible imaginar otros ordenamientos simbólicos aunque no necesariamente utópicos, se adjudiquen otra funcionalidad social.

La violencia extrema impone un desafío a la forma de comprender y ordenar el mundo. Para dar cuenta de ella fracasan los sistemas de representación. Ni el sistema legal, ni la psicología, ni la imaginación artística logran dar cuenta satisfactoriamente de ella. Posiblemente esto se deba, como nos hace notar Avelar, a que los elementos que componen estos saberes (pertenecientes a la 'civilización') están implicados en la construcción de la crueldad. Como gran parte de la literatura que reflexiona acerca del Holocausto, Avelar se pregunta si la literatura o la filosofía pueden agregar algo a todo lo ya dicho sobre la tortura en el Cono Sur. Su artículo sin duda es una respuesta afirmativa a esta pregunta. Amplío ahora su pregunta de manera que se incluyan las otras formas de violencia de las que hablo en este libro. También pretendo dar una respuesta afirmativa a esta pregunta. La propuesta de *Género y violencia* es que sólo se logra articular algo que tenga sentido sobre la violencia, o que por lo menos no sea redundante, cuando se interrogan críticamente nuestras formas de conocimiento, incluidos el arte y el sistema de género.

Obras citadas

AAVV. 'Borges y nosotros'. *Clarín*. Cultura y Nación, 11 febrero 1993: 1–3

Actis, Manu, Cristina Aldini, Liliana Gardella, Miriam Lewin y Elisa Tokar. *Ese Infierno. Conversaciones de cinco mujeres sobrevivientes de la ESMA* (Buenos Aires: Editorial Sudamericana, 2001)

Acuña, Carlos. *Juicio, castigos y memorias. Derechos humanos y justicia en la política argentina* (Buenos Aires: Nueva Visión, 1995)

Adorno, Theodor W. *Negative Dialectics* (New York: Seabury Press, 1973)

Aguiló, Federico. *'Nunca más' para Bolivia* (Cochabamba, Bolivia: APDHB, 1993)

Allende, Isabel, et al. *Salidas de madre* (Santiago: Planeta Chilena, 1996)

Amado, Ana. 'Ficciones críticas de la memoria'. *Confines* 13 (diciembre 2003): 55–63

Amante, Adriana. 'La familia política: de la casa a la plaza'. *Feminaria Literaria* 6.11 (1996): 46–8

Amante, Adriana y David Oubiña. 'Matilde Sánchez: la literatura en fuga'. *Feminaria Literaria* 5.9 (1995): 9–10

Amigo Cerisola, Roberto. 'Aparición con vida: las siluetas de detenidos–desaparecidos'. *Arte y violencia* (México: UNAM, 1995)

Anderson, Benedict. *Imagined Communities* (London: Verso, 1991)

Andrews, Edmund L. 'Serra Quits Berlin's Holocaust Memorial Project'. *The New York Times*, 4 junio 1998: Arts 1+

Anzaldúa, Gloria. *Borderlands/La Frontera: The New Mestiza* (San Francisco: Spinsters/Aunt Lute, 1987)

Aponte, Barbara. 'The Initiation Archetype in Arguedas, Roa Bastos and Ocampo'. *Latin American Literary Review* 11.21 (1982): 45–55

Araujo, Ana María. *Tupamaras* (Paris: Des Femmes, 1980)

Araujo, Helena. 'Ejemplos de la "niña impura" en Silvina Ocampo y Alba Lucía Angel'. *Hispamérica* 13.38 (1984): 27–35

Arendt, Hannah. *Eichmann in Jerusalem: A Report on the Banality of Evil* (New York: Viking Press, 1963)

Armstrong, Nancy. *Desire and Domestic Fiction: A Political History of the Novel*. (New York: Oxford University Press, 1987)

——. y Leonard Tennenhouse (eds). *The Violence of Representation: Literature and the History of Violence* (London: Routledge, 1989)

Avelar, Idelber. 'Five Theses on Torture'. *Journal of Latin American Cultural Studies* 10.3: 253–71

——. *The Untimely Present: Postdictatorial Latin American Fiction and the Task of Mourning* (Durham: Duke University Press, 1999)

Balderston, Daniel, et al. *Ficción y política: La narrativa argentina durante el proceso militar* (Buenos Aires: Alianza Editorial, 1987)

Ballinger, Pamela. The Culture of Survivors: Post-Traumatic Stress Disorder and Traumatic Memory. *History and Memory* 10.1 (1998): 99–132

Barthes, Roland. *Camera Lucida: Reflections on Photography* (New York: Hill and Wang, 1981)

Baudrillard, Jean. 'The Ecstasy of Communication'. *The Anti-aesthetic: Essays on Postmodern Culture*, ed. Hall Foster (Port Townsend: Bay Press, 1983)

Bechis, Marco, dir. *Garage Olimpo*. Perf. Antonella Costa, Carlos Echeverría, Dominique Sanda, 1999.

——. 'Treinta mil'. *El Amante*, 15 octubre 2004 (http://www.elamante.com/nota/0 /0019.shtml)

Benjamín, Walter. *La obra de arte en la era de reproducción mecánica* (Madrid: Editorial Taurus, 1973)

——. 'The Storyteller: Observations on the Works of Nikolai Leskov'. *Illuminations* (New York: Schocken Books, 1986): 83–109

Benjamin, Walter. *Illuminations* (New York: Schocken Books, 1986)

Berger, John. *Ways of seeing* (New York: Viking Press, 1973)

Bergero, Adriana J. y Fernando Reati (eds). Memoria colectiva y políticas del olvido: Argentina y Uruguay, 1970–1990 (Rosario: Beatriz Viterbo Editora, 1997)

Bernardes, Horacio. '*Los rubios* o el cine como fuente de preguntas'. *Página 12*, 23 octubre 2003: Espectáculos

Bettelheim, Bruno. *Surviving, and other essays*, 1a ed. (New York: Knopf, 1979)

Beverley, John. 'El testimonio en la encrucijada'. *Revista Iberoamericana* LIX.16 (1993): 485–95

Blaustein, David, dir. *Cazadores de utopías*, 1996

Bonafini, Hebe de. *Historias de vida*, ed. redacción y prólogo de Matilde Sánchez (Buenos Aires: Fraterna/Del Nuevo Extremo, 1985)

Bosteels, Wouter y Luz Rodríguez Carranza. 'El objeto Sade. Genealogía de un discurso crítico: de *Babel, revista de libros* (1989–1991) a *Los libros* (1969–1971)'. *Culturas del Río de la Plata (1973–1995). Transgresión e intercambio*, ed. Rolland Spiller (Frankfurt am Main: Verveut Verlag, 1995)

Bourque, Linda Brookover. *Defining Rape* (Durham NC: Duke University Press, 1989)

Braidotti, Rosi. 'Mothers, Monsters, and Machines'. *Writing on the Body: Female Embodiment and Feminist Theory*, ed. Katie Conboy, Nadia Medina and Sarah Stanbury (New York: Columbia University Press, 1997): 59–89

Brito, Eugenia. *Campos minados: Literatura post-golpe en Chile* (Santiago: Cuarto Propio, 1990)

Brodsky, Marcelo. *Buena Memoria: un ensayo fotográfico* (Buenos Aires: La Marca, 1997) (versión electrónica disponible en http://www.zonezero.com/ exposiciones/fotografos/brodsky/menusp.html)

——. *Memoria en construcción. El debate sobre la ESMA* (Buenos Aires: La Marca, 2005)

——. *Nexo: Un ensayo fotográfico* (Buenos Aires: La Marca, 2001)

Brownmiller, Susan. *Against our Will: Men, Women, and Rape* (New York: Simon and Schuster, 1975)

Bueno, Monica L. '*El Dock* de Matilde Sánchez: la escritura femenina y la recuperación del relato'. *Confluencia-Revista Hispanica de Cultura y Literatura* 11.2 (1996): 66–75

Butler, Judith. *Bodies that Matter: On the Discursive Limits of 'Sex'* (New York: Routledge, 1993)

——. 'Contingent Foundations: Feminism and the Question of "Postmodernism"'. *Feminists Theorize the Political*, ed. Judith Butler y Joan Wallach Scott (New York: Routledge, 1992): 3–21

——. *Gender Trouble: Feminism and the Subversion of Identity* (New York: Routledge, 1990)

Butler, Judith y Joan Wallach Scott. *Feminists Theorize the Political* (New York: Routledge, 1992)

Calveiro, Pilar. *Poder y desaparición. Los campos de concentración en Argentina* (Buenos Aires: Colihue, 1998)

Cánovas, Rodrigo. 'Apuntes sobre la novela *Por la patria* de Diamela Eltit. *Acta Literaria* 15 (1990): 147–60

Caro Hollander, Nancy. 'The Gendering of Human Rights: Women and the Latin American Terrorist State'. *Feminist Studies* 22.1 (Spring 1996): 41–80

Carri, Albertina. Entrevista. 'Esa rubia ausencia' website *Espacio Cine Independiente*, por Cynthia Sabat, 17 abril 2003 (http://cineindependiente.com.ar/)

——, dir. *Los rubios*, perf. Analía Couceyro, Albertina Carri y el equipo de filmación, 2003

Carter, Angela. *The Sadeian Woman and the Ideology of Pornography*, 1st American ed. (New York: Pantheon Books, 1978)

Caruth, Cathy. *Trauma: Explorations in Memory* (Baltimore: Johns Hopkins University Press, 1995)

——. *Unclaimed Experience: Trauma, Narrative, and History* (Baltimore: Johns Hopkins University Press, 1996)

Castillo, Debra A. 'Appropriating the Master's Weapons: Luisa Valenzuela'. *Talking Back: Toward a Latin American Feminist Literary Criticism* (Ithaca, NY: Cornell University Press, 1992)

Cerruti, Gabriela. 'La historia de la memoria. Entre la fetichización y el duelo'. *Puentes* 3.1 (2001): 21

Chodorow, Nancy. *The Reproduction of Mothering: Psychoanalysis and the Sociology of Gender* (Berkeley: University of California Press, 1978)

Chuchryck, Patricia. 'Subversive Mothers: The Women's Opposition to the Military Regime in Chile'. *Women, the State, and Development*, ed. Sue Ellen M. Charlton, Jana Matson Everett and Kathleen A. Staudt (Albany: State University of New York Press, 1989)

Comisión Argentina por los Derechos Humanos. *Argentina: Proceso al Genocidio* (Madrid: Elías Querejeta Ediciones, 1977)

Comisión Chilena de Derechos Humanos. *Nunca más en Chile: síntesis corregida y actualizada del informe Rettig*. Colección Septiembre, 2a ed. (Santiago de Chile: LOM Ediciones, Comisión Chilena de Derechos Humanos, Fundación Ideas, 1999)

Comisión Nacional sobre la Desaparición de Personas. *Anexos del informe de la Comisión Nacional sobre la Desaparición de Personas*, 3a ed. (Buenos Aires: Eudeba, 1985)

——. *Nunca más* (Buenos Aires: Editorial Eudeba, 1984)

Conboy, Katie et al. (eds) *Writing on the Body: Female Embodiment and Feminist Theory* (New York: Columbia University Press, 1997)

Corradi, Juan E., Patricia Weiss Fagen y Manuel A. Garretón Merino. *Fear at the Edge: State Terror and Resistance in Latin America* (Berkeley: University of California, 1992)

Cortázar, Julio. 'Recortes de prensa'. *Queremos tanto a Glenda*, 1a ed. (México, DF: Editorial Nueva Imagen, 1980)

Daly, Brenda O. y Maureen T. Reddy. *Narrating Mothers: Theorizing Maternal Subjectivities* (Knoxville: University of Tennessee Press, 1991)

De Lauretis, Teresa. *Alice Doesn't: Feminism, Semiotics, Cinema* (Bloomington: Indiana University Press, 1984)

——. *Technologies of Gender: Essays on Theory, Film, and Fiction* (Bloomington: Indiana University Press, 1987)

——. 'Violence of Rhetoric'. *The Violence of Representation: Literature and the History of Violence*, ed. Nancy Armstrong and Leonard Tennenhouse (London: Routledge, 1989): 239–58

Deleuze, Gilles y Felix Guattari. *Nomadology: The War Machine*, trans. Brian Massumi (New York: Semiotext(e), 1986)

Del Pino, Ponciano. 'Uchuraccay: memoria y representación de la violencia política en los Andes'. Ponciano Del Pino and Elizabeth Jelin (eds), *Luchas locales, comunidades e identidades* (Madrid y Buenos Aires: Siglo XXI, 2003)

Derrida, Jacques. 'Structure, Sign and Play in the Discourse of the Human Sciences'. *Writing and Difference* (Chicago: University of Chicago Press, 1978): 278–94

Diana, Marta. *Mujeres guerrilleras* (Buenos Aires: Planeta, 1996)

Di Tella, Andrés. 'La vida privada en los campos de concentración'. Fernando Devoto (ed.) *Historia de la vida privada en la Argentina*, t. 3 (Buenos Aires: Taurus, 1999)

Domínguez, Nora. 'El desorden materno'. *Feminaria* VII.13 (1994): 6–8

——. 'El desorden materno: Sobre *El Dock* de Matilde Sanchez'. *Inti: Revista de Literatura Hispánica* 43–4 (1996): 263–7

——. 'Familias literarias: visión adolescente y poder político en la narrativa de Beatriz Guido'. *Revista Iberoamericana* LXX.206 (enero–marzo 2004): 225–35

——. 'Políticas del rostro: construcciones y destrucciones en narrativas femeninas del siglo XX'. *Revista de Crítica Cultural* 22 (junio 2001): 56–61

Domínguez, Nora y Carmen Perilli. *Fábulas del género: sexo y escrituras en América Latina* (Tesis/ensayo) (Rosario, Argentina: Beatriz Viterbo Editora, 1998)

Dorfman, Ariel. *Imaginación y violencia en América* (Santiago de Chile: Editorial Universitaria, 1970)

Eckstein, Susan. *Power and Popular Protest: Latin American Social Movements* (Berkeley: University of California Press, 1988)

Elshtain, J. B. 'Ethics in the Women's Movement'. *Annals of the American Academy of Political and Social Science* 515 (1991): 126–39

Eltit, Diamela. 'Cuerpos nómadas'. *Feminaria* IX.17/18 (noviembre 1996): 54–60

——. *Los vigilantes*. Santiago, Chile: Editorial Sudamericana Chilena, 1994

——. 'Writing and Resisting'. *Review: Latin American Literature and Arts* 49 (1994): 19, translated by Alfred MacAdam

Fernández Olmos, Margarite y Lizabeth Paravisini-Gebert. *El Placer de la palabra: literatura erótica femenina de América Latina. Antología crítica* (México, DF: Planeta, 1991)

Filc, Judith. *Entre el parentesco y la política: familia y dictadura, 1976–1983* (Buenos Aires: Editorial Biblos, 1997)

Forcey, Linda Rennie. 'Feminist Perspectives on Mothering and Peace'. *Mothering: Ideology, Experience, and Agency*, ed. Evelyn Nakano Glenn, Grace Chang and Linda Rennie Forcey (New York: Routledge, 1994): 360

Foster, David William (ed.). *Latin American Writers on Gay and Lesbian Themes* (Westport, CT y London: Greenwood, 1994): 431–3

———. 'The Case of Feminine Pornography in Latin America'. *Sexual Textualities: Essays on Queer-ing Latin American Writing*, 1a ed. (Austin: University of Texas Press, 1997): 39–63

———. *Violence in Argentine Literature* (Columbia: University of Missouri Press, 1995)

Foster, Hal. 'Obscene, Abject, Traumatic'. *October* 78 (Fall 1996): 107–24

———. 'The Return of the Shock and Trauma'. *Trans>arts.cultures.media* 1997

Foucault, Michel. 'The Confession of the Flesh'. *Power/Knowledge: Selected Interviews and Other Writings, 1972–1977*, ed. Colin Gordon (New York: Pantheon, 1980): 194–228

———. 'Confinement, Psychiatry, Prison'. *Politics, Philosophy, Culture: Interviews and Other Writings, 1977–1984*, ed. Lawrence D. Kritzman (New York: Routledge, 1988)

———. *Discipline and Punish: The Birth of the Prison*, 1st American ed. (New York: Pantheon Books, 1977)

———. *The History of Sexuality*, vol. I (New York: Pantheon, 1978): 91

———. 'Of Other Spaces'. *Diacritics* 16.1 (1986): 22–7

Franco, Jean. 'Gender, Death, and Resistance. Facing the Ethical Vacuum'. *Fear at the Edge: State Terror and Resistance in Latin America*, ed. Juan E. Corradi, Patricia Weiss Fagen y Manuel A. Garretón Merino (Berkeley: University of California Press, 1992): 104–18

———. 'Killing Nuns, Priests and Children' y 'Gender, Death, and Resistance: Facing the Ethical Vacuum'. *Critical Passions: Selected Essays*, ed. Mary Louise Pratt and Kathleen E. Newman (Durham, NC: Duke University Press, 1999)

———. 'The Mares of the Apocalypse'. *Critical Passions: Selected Essays*, ed. Mary Louise Pratt and Kathleen E. Newman (Durham, NC: Duke University Press, 1999): 102–22

Fraser, John. *Violence in the Arts* (London: Cambridge University Press, 1974)

Fraser, Nancy. 'Introduction' *Revaluing French Feminism: Critical Essay on Difference, Agency and Culture*. (Bloomington: Indiana UP, 1988)

Friday, Nancy. *My Mother/My Self: The Daughter's Search for Identity* (New York: Delacorte Press, 1977)

Gallotta, Barbara. 'Entrevista a Marco Bechis, director de *Garage Olimpo*'. *Otrocampo. Estudios sobre cine 1*, 27 agosto 2004 (http:/www.otrocampo.com/ 1/bechis.html) y 1 junio 2007 (http://www.garageolimpo.it/new-go/stampago/ prensaotrentr.html)

Garabano, Sandra. 'Genealogía e identidad en la narrativa de Diamela Eltit'. *Chasqui* 29.1 (2000): 88–100

Garabano, Sandra y Guillermo García-Corales. 'Diamela Eltit'. *Hispamérica* 62 (1992): 65–75

García-Moreno, Laura. 'Other Weapons, Other Words: Literary and Political Reconsiderations in Luisa Valenzuela's *Other Weapons*'. *Latin American Literary Review* 19.38 (1991): 7–22

Garretón et al. (eds) *Cultura, autoritarismo y redemocratización en Chile* (México DF: Fondo de Cultura Económico, 1993)

Gelman, Juan. 'Demonios'. *Página 12*, 6 julio 1997, contratapa

Gibson, Pamela Church y Roma Gibson. *Dirty Looks: Women, Pornography, Power* (London: British Film Institute, 1993)

Ginzburg, Ralph y George Jean Nathan. *An Unhurried View of Erotica* (New York: Helmsman Press, 1958)

Graziano, Frank. *Divine Violence: Spectacle, Psychosexuality and Radical Christianity in the Argentine 'Dirty War'* (Boulder: Westview Press, 1992)

Grosz, Elizabeth. 'Sexual Difference'. *Volatile Bodies: Toward a Corporeal Feminism, Theories of Representation and Difference* (Bloomington: Indiana University Press, 1994): 187–210

Gubar, Sandra. 'Representing Pornography: Feminism, Criticism, and Depictions of Female Violation'. *For Adult Users Only. The Dilemma of Violent Pornography*, ed. Gubar, Susan y Joan Hoff (Bloomington: Indiana University Press, 1989): 47–67

Guido, Beatriz. *La casa del ángel*, 7 ed. (Buenos Aires,: Emécé Editores, 1983)

Guzman Bouvard, Marguerite. *Revolutionizing Motherhood: The Mothers of the Plaza de Mayo* (Wilmington: Scholarly Resources Inc., 1994)

——. *Women Reshaping Human Rights: How Extraordinary Activists are Changing the World* (Wilmington: Scholarly Resources, 1996): 296–313

Halbwachs, Maurice. *On Collective Memory*, trans. and ed. Lewis Coser (Chicago: University of Chicago Press, 1992)

Haraway, Donna. 'Cyborg Manifest: Science, Technology, and Socialist-Feminism in the Late Twentieth Century' *Simians, Cyborgs, and Women: The Reinvention of Nature* (New York: Routledge, 1991)

Hart, Stephen M. *White Ink: Essays on Twentieth-Century Feminine Fiction in Spain and Latin America*, (London: Tamesis, 1993)

Herchovich, Inés. *El enigma sexual de la violación* (Buenos Aires: Editorial Biblos, 1997)

Herman, Judith Lewis. *Trauma and Recovery* (New York: Basic Books, 1992)

Herrera, Francisco (ed.). *Antología del erotismo en la literatura argentina* (Buenos Aires: Fraterna, 1990)

Higgins, Lynn A., y Brenda R. Silver. *Rape and Representation* (New York: Columbia University Press, 1991)

Hirsch, Marianne. *The Mother/Daughter Plot: Narratives, Psychoanalysis, Feminism* (Bloomington: Indiana University Press, 1989)

Hirsch, Marianne and Valerie Smith. 'Feminism and Cultural Memory: An Introduction'. *Signs (Feminism and Cultural Memory)* 28.1 (Fall 2002): 1–19

——. 'Surviving Images: Holocaust Photographs and the Work of Postmemory'. *Yale Journal of Criticism* 14.1 (2001): 5–37, republicado en Barbie Zelizer (ed.), *Visual Culture and the Holocaust* (New Brunswick: Rutgers University Press, 2001)

Horowitz, Sara R. 'Women in Holocaust Literature. Engendering Trauma Memory'.

Women in the Holocaust, ed. Dalia Ofer y Lenore J. Weitzman (New Haven, CT: Yale University Press, 1998): 364–377

Hunt, Lynn Avery. *The Invention of Pornography: Obscenity and the Origins of Modernity, 1500–1800* (New York: Zone Books, 1993)

Jardine, Alice. *Gynesis: Configurations of Woman and Modernity* (Ithaca: Cornell University Press, 1985)

Jelin, Elizabeth. 'El género en las memorias'. *Los trabajos de la memoria* (Madrid: Siglo XXI Editores, 2002): 99–115

——. *Los trabajos de la memoria* (Madrid: Siglo XXI Editores, 2002)

Jelin, Elizabeth y Ana Longoni. 'Siluetas'. *Escrituras, imágenes y escenarios ante la represión*, eds. Elizabeth Jelin y Ana Longoni (Madrid: Siglo XXI, 2005)

Kafka, Franz. 'In the Penal Colony' *The Metamorphosis, in the Penal Colony, and Other Stories*. Schocken Classics (New York: Schocken, 1988): 191–227

Kaminsky, Amy K. 'Marco Bechis' Garage Olimpo: Cinema of Witness'. Jump Cut: A Review of Contemporary Media 48 (winter 2006), 1 june 2006 (http://www.ejumpcut.org/currentissue/GarageOlimpo/text.html)

——. *Reading the Body Politic: Feminist Criticism and Latin American Women Writers* (Minneapolis: University of Minnesota Press, 1993)

Kantaris, Elia. 'The Politics of Desire: Alienation and Identity in the Work of Marta Traba and Cristina Peri Rossi'. *Forum for Modern Language Studies* XXV.3 (julio 1989): 248–64

Kappeler, Susanne. *The Pornography of Representation* (Minneapolis: University of Minnesota Press, 1986)

——. *The Will to Violence: The Politics of Personal Behaviour* (London: Polity Press, 1995)

Katz, Steven T. and Ruth R. Wisse. 'A Debate about Teaching the Holocaust'. *New York Times*, 8 agosto 1998: Arts & Ideas, 1 y 9

Kellett, Peter M. 'Acts of Power, Control and Resistance: Narrative of Convicted Rapists'. *Hate Speech*, ed. Rita Kirk Whillot y David Slayden (Thousand Oaks: Sage Productions, 1995): 142–61

Kendrick, Walter M. *The Secret Museum: Pornography in Modern Culture* (New York: Viking, 1987)

Kipnis, Laura. *Bound and Gagged: Pornography and the Politics of Fantasy in America*, 1a ed. (New York: Grove Press, 1996)

——. 'Feminism: The Political Conscience of Postmodernism?' *Universal Abandon? The Politics of Postmodernism* ed. Andrew Ross (Minneapolis: University of Minnesota Press, 1989): 160

Klingenberg, Patricia Nisbet. *Fantasies of the Feminine: The Short Stories of Silvina Ocampo* (Lewisburg: Bucknell University Press, 1999)

Kohan, Martín. 'La apariencia celebrada'. *Punto de vista* 78 (2004): 24–30

——. 'Una crítcia en general y una película en particular'. *Punto de vista* 80 (2004): 47–8

Koonz, Claudia. *Mothers in the Fatherland* (New York: St Martin Press, 1987)

Kristeva, Julia. *Powers of Horror: An Essay on Abjection* (New York: Columbia University Press, 1982)

——. 'Stabat Mater'. *Tales of Love* (New York: Columbia University Press, 1987)

Labanyi, Jo. 'Topologies of Catastrophe: Horror and Abjection in Diamela Eltit's *Vaca Sagrada*'. *Latin American Women's Writing: Feminist Readings in Theory and Crisis*, ed. Anny Brooksbank Jones y Catherine Davies (Oxford: Clarendon Press, 1996): 85–103

Lagos-Pope, María Inés. 'Mujer y política en *Cambio de armas* de Luisa Valenzuela'. *Hispamérica* 16. 46–47 (abril-agosto 1987): 71–83

Leenhardt, Jacques (ed.) 'Prólogo'. *Violência e literatura* Alvaro Lins, (Rio de Janeiro: Tempo Brasileiro, 1990)

Lefebvre, Henri. *The Production of Space*, trans. Donald Nicholson-Smith (Oxford, UK; Cambridge, MA: Blackwell, 1991)

Levi, Primo. *Los hundidos y los salvados* (Barcelona: Muchnick, 1995)

Lévi-Strauss, Claude. *The Savage Mind* (Chicago: University of Chicago Press, 1966)

Lira, Elizabeth y Eugenia Weinstein. *Psicoterapia y represión política* (México: Siglo Veintiuno Editores, 1984)

Longoni, Ana. 'Traiciones. La figura del traidor (y la traidora) en los relatos acerca de los sobrevivientes de la represión'. *Escrituras, imágenes y escenarios ante la represión*, comp. Elizabeth Jelin y Ana Longoni (Madrid: Siglo XXI, 2005): 203–240

Lorenz, Federico. '¿De quién es el 24 de marzo? Las luchas por la memoria del golpe de 1976'. *Las conmemoriaciones. Las disputas en las fechas in-felices'*, comp. Elizabeth Jelin (Madrid: Siglo XXI, 2002): 90

MacKinnon, Catharine A. 'Feminism, Marxism, Method, and the State: Toward a Feminist Jurisprudence' *Signs* 8.4 (summer 1983): 635–58

——. *Toward a Feminist Theory of the State* (Cambridge, MA: Harvard University Press, 1989)

Macón, Cecilia. '*Los rubios* o del trauma como presencia'. *Punto de vista* 80 (2004): 44–7

Madriz, Esther. *Nothing Bad Happens to Good Girls: Fear of Crime in Women's Lives* (Berkeley: University of California Press, 1997)

Marcus, Sharon. 'Fighting Bodies, Fighting Words: A Theory and Politics of Rape Prevention'. *Feminists Theorize the Political*, ed. Judith Butler y Joan Wallach Scott (New York: Routledge, 1992): 385–403

Masiello, Francine. 'La Argentina durante el Proceso: las múltiples resistencias de la cultura'. *Ficción y política: la narrativa argentina durante el proceso militar*, ed. Daniel Balderston (Buenos Aires: Alianza; Minneapolis: Institute for the Study of Ideologies and Literature, University of Minnesota, 1987): 11–29

——. *The Art of Transition: Latin American Culture and Neoliberal Crisis* (Durham, NC: Duke University Press, 2002)

Matamoro, Blas. *Oligarquía y literatura*, (Buenos Aires: Eidiciones del sol, 1975)

Mellibovsky, Matilde. *Círculo de amor sobre la muerte.* (Buenos Aires: Ediciones del Pensamiento Nacional, 1990)

Millet, Kate. *Sexual Politics* (Garden City, NY: Doubleday, 1970)

——. *The Politics of Cruelty: An Essay on the Literature of Political Imprisonment* (New York and London: W.W. Norton, 1994)

Montealegre, Jorge. *Frazadas del Estadio Nacional. Testimonio.* (Santiago: LOM, 2003)

Montecino, Sonia. *Palabra dicha: escritos sobre género, identidades, mestizaje.* Colección de Libros Electrónicos, Universidad de Chile, Facultad de Ciencias Sociales 1997. (http://www.creatividadfeminista.org/libros/gratis/palabra.pdf)

Morales T., Leonidas. 'Narración y referentes en Diamela Eltit'. *Revista Chilena de Literatura* 51 (1997): 121–9

Moreiras, Alberto. 'Postdictadura y reforma del pensamiento'. *Revista de crítica cultural* 7 (noviembre 1993): 26–35

——. *Tercer espacio: literatura y duelo en América Latina* (Santiago: LOM Ediciones: Universidad ARCIS, 1999)

Morello-Frosch, Marta. '"Other Weapons": When Metaphors Become Real'. *Review of Contemporary Fiction* 6.3 (Fall 1986): 82–7

Moreno, María. 'Esa rubia debilidad'. *Página 12*. Suplemento Radar, 19 octubre 2003 (http://www.pagina12.com.ar/imprimir/diario/suplementos/radar/9–1001–2003–10–24.html)

Morris, David B. *The Culture of Pain* (Berkeley: University of California Press, 1991)

Mulvey, Laura. *Visual and Other Pleasures* (Bloomington: Indiana UP, 1989)

Navarro, Marysa. 'The Personal is Political: Las Madres de Plaza de Mayo'. *Power and Popular Protest: Latin American Social Movements*, ed. Susan Eckstein (Berkeley: University of California Press, 1988)

Newman, Kathleen E. *La violencia del discurso: el estado autoritario y la novela política argentina*, Colección Armas de la crítica (Buenos Aires: Catálogos Editora, 1991)

Nicholson, Linda J. *Feminism/Postmodernism* (New York: Routledge, 1990)

Ocampo, Silvina. 'El pecado mortal'. *Antología del erotismo en la literatura argentina*, ed. Francisco Herrera (Buenos Aires: Fraterna, 1990). Publicado por primera vez en *Las invitadas* (Buenos Aires: Editorial Losada, 1961)

Ocampo, Silvina y Matilde Sánchez. *Las reglas del secreto: antología*, Colección Tierra firme (México: Fondo de Cultura Económica, 1991)

Ofer, Dalia y Lenore J. Weitzman. *Women in the Holocaust* (New Haven, CT: Yale University Press, 1998)

Olea, Raquel. *Lengua víbora: producciones de lo femenino en la escritura de mujeres chilenas* (Santiago: Editorial Cuarto Propio – Corporación de Desarrollo de la Mujer La Morada, 1998)

——. 'Para (re)producir a la madre. Políticas y públicas y producción cultural de mujeres en la neovanguardia chilena' (Conferencia presentada en Latin American Studies Association en Chicago, 1988)

Pardo, Mary. 'Mexican-American Women Grass-Roots Community Activists: Mothers of East Los Angeles'. *Frontiers: A Journal of Womens Studies* II (1990): 1–8

Paredes, Alberto. *Abismos de papel: los cuentos de Julio Cortázar* (Biblioteca de letras. México, DF: Universidad Nacional Autónoma de México, Dirección General de Publicaciones, 1988)

Parkinson-Zamora, Lois. 'Deciphering the Wounds: The Politics of Torture and Julio Cortazar's Literature of Embodiment'. *Literature and the Bible*, ed. David Bevan (Amsterdam: Rodopi, 1993): 177–284

Pendleton, David. 'Obscene Allegories: Narrative, Representation, Pornography'. *Discourse: Journal for Theoretical Studies in Media and Culture* 15.1 (1992): 154–68

Pinto, Myriam. *Nunca más, Chile, 1973–1984*, Colección Testimonios, 1a ed. (Santiago de Chile: Terranova Editores, 1986)

Piña, Juan A. 'Diamela Eltit: Escritos sobre un cuerpo' *Conversaciones con la narrativa chilena* (Santiago: Editorial Los Andes, 1991): 223–54

Reati, Fernando. 'Historias de amores prohibidos: prisioneras y torturadores en el imaginario argentino de la posdictaruda'. *Insula* 711 (marzo 2006): 27–32

Rich, Adrianne. 'Compulsory Heterosexuality and Lesbian Existence'. *Powers of Desire. The politics of Sexuality*, ed. Ann Snitow, Christine Stancell, y Sharon Thompson (New York: Monthly Review Press, 1983): 177–205

——. 'Notes toward Politics of Location'. *Blood, Bread, and Poetry: Selected Prose, 1979–1985* (London: Virago, 1987)

Richard, Nelly. 'En torno a las diferencias'. *Cultura, autoritarismo y redemocratización en Chile*, ed. Manuel A. Garretón, Saúl Sosnowski y Bernardo Subercaseaux (México, DF.: Fondo de Cultura Económica, 1993): 39–46

——. 'Feminismo, experiencia y representación'. *Revista Iberoamericana* 62.176–7 (julio–diciembre 1996): 733–44

——. 'La cita de la violencia: Convulsiones del sentido y rutinas oficiales'. *Punto de Vista: Revista de Cultura* 22.63 (abril 1999): 26–33

——. *La insubordinación de los signos: cambio político, transformaciones culturales y poéticas de la crisis* (Santiago: Editorial Cuarto Propio, 1994)

——. *Masculino/Femenino: Prácticas de la diferencia y cultura democrática* (Santiago: Francisco Zegers, 1993)

——. (ed.). *Políticas y estéticas de la memoria* (Santiago: Editorial Cuarto Propio, 2000)

——. 'Reescrituras, sobreimpresiones: las protestas de mujeres en la calle'. *Revista de Crítica Cultural* 18: 17–21

——. *Residuos y metáforas: ensayos de crítica cultural sobre el Chile de la transición* (Santiago: Cuarto Propio, 1998)

Rivabella, Omar. *Requiem for a Woman's Soul* (New York: Random House, 1986)

Rodgerson, Gillian y Elizabeth Wilson (eds). *Pornography and Feminism: The Case against Censorship* (London: Lawrence & Wishart, 1991)

Roffé, Reina y Juan Carlos Martini Real. 'Beatriz Guido, denuncia, traición, y contradicciones de una escritora argentina'. Beatriz Guido, *Los insomnes* (Buenos Aires: Corregidor, 1973)

Ross, Andrew. *Universal Abandon? The Politics of Postmodernism* (Minneapolis: University of Minnesota Press, 1988)

Rubin Suleiman, Susan. 'Writing and Motherhood'. *The (M)other Tongue: Essays in Feminist Psychoanalytic Interpretation*, ed. Shirley Nelson Garner, Claire Kahane and Madelon Sprengnether (Ithaca NY: Cornell University Press, 1985)

Ruddick, Sara. *Maternal Thinking: Toward a Politics of Peace* (Boston MA: Beacon Press, 1989)

Sabato, Hilda. 'Del sin-sentido a la interpretación: notas sobre la presentación de la Historia económica en los textos escolares'. *Propuesta Educativa*, 4.7 (octubre 1992): 11

Sachs, Susan. 'Teaching Tolerance to Students: Wiesel Gives Personal Account of Holocaust's Horrors'. *New York Times*, 5 junio 1998: B5

Sade, D.A.F. *Justine or the Misfortunes of Virtue* (New York: Castle, 1964)

Said, Edward. *Orientalism* (New York: Pantheon, 1978)

Sánchez, Matilde. *El Dock* (Buenos Aires: Planeta, 1993)
——. 'La muerte de un abuelo (Borges y nosotros)'. *Clarín. Cultura y Nación*, 11 febrero 1993: Suplemento cultural
Scarry, Elaine. *The Body in Pain: The Making and Unmaking of the World* (New York: Oxford University Press, 1985)
Schmukler, Beatriz y Graciela Di Marco. *Madres y democratización de la familia en la Argentina contemporánea*, Biblioteca de las mujeres, ed. Monica Urrestarazu y Olga Viglieca (Buenos Aires: Editorial Biblos, 1997)
Smith, Neil. *Uneven Development: Nature, Capital, and the Production of Space* (Oxford, UK; Cambridge, MA, USA: Blackwell, 1991)
Snyder, Deirdre Ann. 'Another Way to Be, Another Way to See: The Development of Narrative Technique in Four Latin American Women Writers'. Dissertation (University of California, Davis, 1999)
Somers, Armonía. 'El hombre del túnel'. *La rebelión de la flor* (Montevideo: Librería Lonardi y Risso, 1988) Publicado por primera vez en *La calle del viento norte y otros cuentos* (Montevideo: Editorial Arca, 1963)
Sonderéguer, María. 'Los relatos sobre el pasado reciente en Argentina: una política de la memoria'. *Iberoamericana* 1 (2001): 99–112
Sontag, Susan. *On Photography* (New York: Farrar, Straus and Giroux, 1977)
——. 'The Pornographic Imagination'. *Styles of Radical Will* (New York: Farrar Straus and Giroux, 1969)
Sosnowski, Saúl. *Represión y reconstrucción de una cultura: el caso argentino* (Buenos Aires: Eudeba, 1984)
Steimberg, Alicia et al. *Salirse de madre* (Buenos Aires: Croquiñol Ediciones, 1989)
Sturken, Marita. *Tangled Memories: The Vietnam War, the Aids Epidemia, and the Politics of Remembering* (Berkeley: University of California Press, 1997)
Tanner, Laura E. *Intimate Violence: Reading Rape and Torture in Twentieth-Century Fiction* (Bloomington: Indiana University Press, 1994)
Taylor, Diana. *Disappearing Acts: Spectacles of Gender and Nationalism in Argentina's 'Dirty War'* (Durham, NC: Duke University Press, 1997)
——. 'You Are Here: HIJOS The DNA of Performance'. *The Archive and the Repertoire: Performing Cultural Memory in the Americas* (Durham, NC: Duke University Press, 2003): 161–89
Theidon, Kimberly. 'How We Learned to Kill our Brother? Memory, Morality and Reconciliation in Peru'. *Bulletin Institut Français des Études Andines* 29.3: 539–54
Tierney-Tello, Mary Beth. *Allegories of Transgression and Transformation: Experimental Fiction by Women Writing under Dictatorship* (Albany: State University of New York Press, 1996)
Timerman, Jacobo. *Prisoner Without a Name, Cell Without a Number*, 1a ed. (New York: Knopf, 1981)
Traba, Marta. *Conversación al sur*, 1a ed. (México, DF: Siglo Veintiuno Editores, 1981)
——. 'Hipótesis sobre una escritura diferente' *La sartén por el mango: encuentro de escritoras latinoamericanas*, ed. Patricia Elena González y Eliana Ortega (Río Piedras: Ediciones Huracán, 1985): 21–6
Turiansky, Wladimir. *Apuntes contra la desmemoria: Recuerdos de la Resistencia* (Montevideo: Arca, 1988)

Valenzuela, Luisa. *Cambio de armas*, 1a ed. (Hanover: Ediciones del Norte, 1982)

——. 'Escribir con el cuerpo'. *Alba de America: Revista Literaria* 11.20–1 (1993): 35–40

——. 'La mala palabra'. *Revista Iberoamericana* 51.132–3 (1985): 489–91

——. 'Los porteños y sus literaturas'. *Literature and Popular Culture in the Hispanic World: A Symposium*, ed. Rose S. Minc (Upper Montclair: Montclair State College, 1981): 25–9

——. 'The Other Face of the Phallus'. *Reinventing the Americas: Comparative Studies of Literature of the United States and Spanish America*, ed. Bell Gale Chevigny y Gari Laguardia (New York: Cambridge University Press, 1986): 242–8

Van der Kolk, Bessel y Onno Van der Hart. 'The Intrusive Past: The Flexibility of Memory and the Engraving of Trauma' *Trauma: Explorations in Memory*, ed. Cathy Caruth (Baltimore: John Hopkins University Press, 1995): 158–82

Vezzetti, Hugo: 'Activismos de la memoria: el escrache'. *Punto de Vista* 62 (diciembre 1998): 2–5

——. 'Representaciones de los campos de concentración en la Argentina'. *Punto de vista* 68 (diciembre 2000): 13–17

Wiesel, Elie. *Elie Wiesel, Nobel Prize for Peace: Interview, 29 June 1996. Sun Valley, Idaho*. American Academy of Achievement, May 2000 (http://www.achievement.org/autodoc/page/wie0int-1)

Williams, Raymond L. (ed.) *The Novel in the Americas* (Niwot: University Press of Colorado, 1992)

Wofford, Susanne L. 'The Social Aesthetics of Rape: Closural Violence in Boccaccio and Botticelli'. *Creative Imitation: New Essays on Renaissance Literature in Honor of Thomas M. Greene*, ed. Thomas M. Greene y David Quint (Binghamton, NY: Medieval and Renaissance Texts and Studies, 1992): 189–238

Young, Iris Marion. *Throwing Like a Girl and Other Essays in Feminist Philosophy and Social Theory* (Bloomington: Indiana University Press, 1990)

Ziarek, Ewa Plonowska. 'At the Limits of Discourse: Heterogeneity, Alterity, and the Maternal Body in Kristeva's Thought'. *Language and Liberation: Feminism, Philosophy, and Language*, ed. Christina Hendricks y Kelly Oliver (Albany, NY: State University of New York Press, 1999): 323–46

Índice